Pascale

LE DIABLE S'HABILLE EN GAFA

À tous les descendants de cœur
et d'esprit de Charles Havas, l'inventeur
des métiers de la communication.
(Il doit se retourner dans sa tombe)

Léo Pitte-Jacques-Marie Laffont/éditeurs
Dépôt légal : octobre 2018
ISBN : 978-2-490490-00-4

JACQUES SÉGUÉLA

LE DIABLE S'HABILLE EN GAFA

(Google, Apple, Facebook, Amazon)

Coup de gueule

PRE-SCRIPTUM

« IL N'EXISTE RIEN DE CONSTANT, SI CE N'EST LE CHANGEMENT»

LE BOUDDHA

J’

J’ai reçu un jour ce mail venu d’une bonne âme en mal de futur : « Comme je n’ai pas Facebook, j’essaye de me faire des amis en dehors du vrai Facebook, mais en appliquant les mêmes principes. Tous les jours je descends dans la rue et j’explique aux passants ce que j’ai mangé, comme je me sens, ce que j’ai fait la veille, ce que je suis en train de faire, ce que je vais faire demain. Je leur donne des photos de ma femme, du chien, de mes enfants, de moi en train de laver ma voiture, de ma femme en train de coudre. J’écoute aussi les conversations et leur dis : « j’aime ». Et ça marche, il y a déjà quatre personnes qui me suivent : deux policiers, un psychiatre et un psychologue. »

Les publicitaires ne résistent pas aux histoires c'est leur pain quotidien. Celle-ci m'a forcé la plume et décidé à entreprendre cet ouvrage : un cri d'alarme, un cri du cœur, un cri de guerre, un cri d'espoir !

Venues de l'Ouest, des firmes pharaoniques nous encartent, nous façonnent, nous manipulent nous abusent. Le talent aux lèvres, le dollar au cœur, elles érigent, à l'insu de l'idéologique et du politique, une forme de démocrature pernicieuse où elles nous ont enrôlés d'office.
Qui peut vivre sans Google ou Facebook ou Amazon ou Apple et leurs excroissances ?
Elles trustent 70% des flux mondiaux, un tsunami dévastateur qui nous submerge. Amazon réalise 31% des ventes mondiales de livres : combien de temps les éditeurs et les libraires résisteront-ils ?
Le livre ne mourra pas mais le libraire disparaîtra. Aurons-nous gagné au change ?

Les dieux Yankee de ce nouvel Olympe, ivres d'eux-mêmes ne fixent plus de limite à leur conquête et osent même y ajouter l'immortalité.
Ce délire démiurgique sauvera-t-il le monde ?
La réponse est en nous. Est-il déjà trop tard ?
Ce monde d'après court-il à notre perte ou notre

résurrection d'entre les morts du monde d'avant. Que deviendront les 30% d'humains Tech incompatibles, ces grands oubliés du progrès ? La fracture digitale sera-t-elle la nouvelle fracture sociale ? Nous vivons en accéléré, telle une vieille pellicule en fin de rembobinage. L'avenir souvent nous échappe. Nous doutons : est-il un monstre de « Star Trek le Retour » ou un bienfaiteur d'un nouvel Adam. Aux JO du futur des Data tout va trop vite, trop haut, trop loin, seuls sont admis les athlètes du numérique. Les traine-lattes restent au vestiaire. Gardons la tête froide et le cœur chaud. L'ennemi exploite notre inexpérience, trop heureux de nous ringardiser pour mieux nous spolier. Avec l'espoir fou d'inventer la machine qui remplacera l'homme. Courage fuyons !

Il ne tourne plus rond notre globe. Pour la première fois depuis des décennies, nous craignons de laisser à nos enfants une planète dégradée écologiquement, inférieure socialement, incertaine sociétalement. Pour la première fois, le « c'était mieux avant » n'est plus nostalgie mais prophétie. La fin de notre monde a sonné, le nouveau nous sonne. Hier l'évolution allait à son pas, nous laissant le temps de nous y

adapter, la voici fonçant à la vitesse de la lumière, mais vers quelle éternité ?
Nous ne sommes plus en contrôle.

Qui sont les GAFA ? Une armée de 800 000 collaborateurs des 4 Majors numériques : Google, Apple, Facebook et Amazon qui ont envahi sans résistance notre quotidien.
Le but n'était pas de conquérir les sols mais les esprits et de les rendre dépendants dans leurs achats, leurs loisirs, leurs jobs, leurs pensées pour finir par peser 2 600 milliards de dollars, le PIB de la France. Apôtres de l'omnipotence, ils rêvent de dominer le monde. Chaque jour qui passe les rapproche de cette réalité. Jamais, de mémoire d'homme, 4 entreprises se sont accaparées notre vie en toute impunité, poussées par l'enthousiasme des fans grugés. Le premier pays du globe par sa population est Facebook, le second la Chine puis l'Inde et le quatrième Google.
Nul organisme n'a jamais eu cette emprise.
Grands gagnants de l'ère numérique, ils sont devenus en une décennie des nations à part entière ! Qu'en sera-t-il dans 10 ans, dans 20 ans ?
Les réserves d'Apple s'élèvent à 270 milliards de

dollars, sagement mais pas moralement, entreposées depuis le début loin des États-Unis et récemment rapatriées, contraintes et forcées, sur le sol Yankee. La valorisation boursière de la pomme en or vient de dépasser le trillion de dollars à la fin de l'année. Cumulés, les profits annuels du quatuor dépassent les 100 milliards et leurs réserves les 500.
Comment ne pas parler de monopole lorsque Google truste 90% des requêtes sur le web, Amazon 30% du marché des clouds, Facebook et Google réunis 70% du marché publicitaire en ligne ?
Et ce n'est qu'un début.

Plus avides que jamais, les monstres du net contrôlent désormais toute la chaîne du processus de la consommation jusqu'à la relation avec le consommateur. Ils s'attaquent aux services financiers, au secteur automobile, aux fournisseurs d'accès à internet, aux objets connectées, aux interfaces vocales, à l'intelligence artificielle. Leur diversification est sans limite, aucun secteur porteur de l'économie ne peut leur échapper. Facebook a déboursé 800 millions de dollars, une paille pour lui, pour s'emparer des droits de retransmission du

cricket en Inde.
La stratégie des nouveaux maîtres du monde n'a rien de nouveau : investir sans cesse dans la recherche et le développement (17 milliards pour Google en 2017, 12 pour Apple) et gober tout ce qui bouge en matière de nouveautés numériques.
Cette dernière décennie, 360 entreprises ont été « gafaétisées ». Seuls à pouvoir tenir ce rythme fou, les seigneurs des anneaux numériques ne laissent rien à la concurrence.
YouTube pointe-t-il en ligne de mire de Google, qu'aussitôt ce dernier l'avale. Qu'importe le prix quand on est une telle pompe à fric. Facebook baisse d'intérêt, WhatsApp semble prendre la relève et passe tout aussi vite à la casserole aux dollars.

L'Amérique industrielle s'est toujours construite ainsi, hier à la botte des Rockefeller, Vanderbilt, JP Morgan. À quel prix d'inégalités sociales et jusqu'à créer la Grande Dépression qui a ruiné le monde. Face à ce mur de dollars que nous reste-t-il comme arme ? La créativité !
L'argent n'a pas d'idée, seules les idées font de l'argent. Ayons des idées et nous ne serons pas les colonisés du 4.0. L'ADN des membres du club

des GAFA est identique : jeune, multi-ethnique, libertaire et égotique, peu enclin à la morale nationale ou fiscale. Mais tous obsédés d'une technologie seule à même de sauver le monde. Mais pour quel monde, s'il n'a plus ni cœur ni valeur, ni culture ni racine, ni amour ni humour, ni civilité ni humilité. Se croyant Dieu, seuls capables de régler les défis de la planète, ils oublient que c'est le rôle de nos états qui ont pour finalité la démocratie.
Quelle concurrence peut-elle les bloquer ?
Face à cette hégémonie, le plus extravagant de l'histoire est que nous sommes à la fois victimes et complices, nous prêtant frénétiquement à tous leurs stratagèmes digitaux.

Jamais un quarteron d'entreprises n'a amassé une telle montagne d'argent qui ne leur sert en majorité qu'à racheter, à des prix qui ne se refusent pas, tout concurrent potentiel.
Naïves, voire vénales, les grandes villes du monde se battent pour abriter leurs sièges, leurs bureaux, leurs usines, leurs entrepôts qui sont autant de fabrique de chômage ou de concurrence déloyale.
Jamais une entreprise n'a osé un jour devenir un état. Mark Zuckerberg, le créateur de Facebook,

structure son empire pour pouvoir, demain, remplacer la puissance publique dans ses attributions. Son ambition d'une communauté globale, dont il serait le despote éclairé, ne fait plus de doute. Tim O 'Reilly dans son best-seller « What's the Future ? » le dénonçait déjà.
Nous glissons d'une société de connaissance à une économie de l'accélération de la mobilité, des capacités de stockage, de la circulation des contenus. Inéluctable conséquence, à trop vouloir numériser le quotidien, l'ère digitale nous numérise nous-mêmes.

Le nouveau rôle des penseurs, des patrons, des politiques, des médias, des communicants se devra d'être le régulateur de ce tempétueux torrent informatif, pour lui donner un sens autre que giratoire.
Et notre rôle de consommateur convulsif sera de nous réguler nous-mêmes, sous peine de nous voir entraver. Plus grave encore, il n'est que temps d'exiger la sécurisation des données informatiques et le respect de notre privacy individuelle. Sans moralisation, cette formidable chevauchée vers le futur s'achèvera en guerre contre les envahisseurs de nos âmes.
Nous sommes déjà sous leur dépendance, shootés

au numérique, ce nouvel LSD. Google vient de lancer une intelligence artificielle domestique, prête à tout superviser chez vous. Une simple boîte noire full connected répond à toutes nos questions de culture générale ou de vie quotidienne. Lancez, en ouvrant la porte, un « Ok Google » et votre conversation avec votre assistant domotique vous répondra.

Seul hic, tout ce que vous lui direz pourra être retenu contre vous. Les GAFA sont désormais maîtres de vos données les plus intimes. Ils sont chez vous, ils sont en vous.

Votre robot maison peut, à votre demande, diffuser les flashs info de votre radio préférée, mais il est tout aussi capable de remplacer votre installation musicale. Il suffit de lui demander votre tube d'hier ou d'aujourd'hui. Spotify ou Deezer vous le servent à la seconde. Quant au B… A BA : déclenchement de la machine à café, climatisation, extinction des feux, fermeture des stores, un mot suffit pour l'ensemble des tâches : « Bonne nuit ». Mais bonne journée pour Google il sait tout de votre intimité.

Piqués au vif, Microsoft et Facebook sont, à leur tour, entrés dans la danse. Les Seigneurs de l'électronique ont compris que leur survie était

l'insertion dans la vie des gens et pas seulement la réponse à leurs nécessités.
Demain, votre seconde voix sera le hub de toutes vos communications digitales. Amazon la rejoint, baissant son prix à 50 dollars. Une vente bien évidemment à perte mais à profit : un micro intégré dans votre Amazon Echo va renforcer la masse de vos secrets pour les revendre à qui voudra. Déjà en 2015, Shene Harris avait dénoncé dans le Daily Beast que les dernières Smart TV de Samsung agissaient de même avec leurs micros intégrés.
Il est devenu impossible pour un être, quel qu'il soit, de couper le robinet des GAFA. Roberto Unger, le philosophe brésilien, parle de la dictature de l'absence d'alternatives. La pieuvre occupe notre temps, notre espace, notre job, nos amours, notre futur. Il est temps de lancer une grève générale.
Tous dans la rue !

Lorsque l'on demande aux experts comment lutter ? La réponse est inepte : en nous limitant à l'info moins traçable, telle la presse, en soutenant nos petits commerçants, en refusant les cartes de fidélité, les commandes vocales ... Et pourquoi pas le téléphone ?

Et pourquoi pas la vie ?
Seule une double prise de conscience mondiale de nous-mêmes et de nos gouvernements pourrait réguler ce fléau, mais ce diable est aussi notre bon dieu. C'est tout le problème. Nous allons vers une nouvelle ère de la productivité, la révolution digitale va ouvrir la voie à des idées neuves, impossible jusqu'alors à mettre en œuvre sans la puissance de la toile.

Deux jeunes traders ont pensé mettre en corrélation le mot « dette » et les résultats boursiers. Ils découvriront, après plusieurs mois d'étude, que chaque apparition du mot maudit fait fléchir Wall Street. Profitant de la révélation, ils modifient leurs placements en conséquence et finissent par totaliser une plus-value de 326% face aux 16% de l'indice boursier du moment. A Wall Street, le poids des mots vaut son pesant d'or.
Finance, mais tout autant médecine, business, services publics propulsés par ce nouveau savoir feront des miracles et tout autant de victimes. Ces boosters de croissance hélas, trois fois hélas, entraîneront une paupérisation des moins qualifiés et un enrichissement des surdoués. Il nous faudra savoir lutter contre cette inadmissible

dérive, tout en profitant de cette envolée technologique, la plus fabuleuse de l'Histoire des Hommes.
À moins qu'elle ne soit la plus désastreuse.
La machine a pris de l'avance sur l'Humain.
Elle nous ronge d'anxiété sous couvert de modernité et voudrait nous convertir à une nouvelle religion venue de Silicon Valley.

Le Tech big bang date de 2007, une décennie à peine, une décennie déjà d'invention en rafales, de l'IPhone à Facebook, cette couveuse de génie d'idées molles, de Twitter, ce jivaros coupeur de texte, à Big Data ce fouilleur de nos consciences, et pour finir de l'intelligence artificielle, ce serial killer de nos emplois.
Que deviendront ces millions de travailleurs implacablement remplacés par des robots ? Que deviendront ces petites et moyennes entreprises laissées sur place par la fulgurance des start-ups. Et nous, que deviendrons-nous dans ce charivari de la vie ? Il n'y a pas de marche arrière sur la machine à accélérer le temps. Sept français sur dix reconnaissent que le numérique a transformé leur métier et leur existence mais se rendent-ils compte qu'ils laissent leur liberté au vestiaire, inconscients, consentants d'une

stratégie de mise sous tutelle du monde. Mieux informés, sept Américains sur dix pensent que les GAFA ont trop de pouvoir sur leur quotidien et leur reprochent d'avoir une mauvaise influence sur eux.
Comment en serait-il autrement ?

Les réseaux sociaux, de lanceurs de nouvelles, sont devenus des vecteurs de désinformation et l'internaute est le premier fautif : les Fake News sont cinq fois plus regardées que les vraies.
Nos clouds ont engrangé plus de données ces vingt derniers mois que depuis l'arrivée du terrien sur terre. Pour mon métier, c'est une conquête technologique mais tout autant une agression sociétale, dont nous sommes les complices. Où s'achèvera ce viol monnayable de notre intimité ? L'Intelligence Artificielle devenue notre espion patenté sait désormais tout de nous.
On est en pleine Intelligence Service.
Trop adorateurs de notre passé, nous avons laissé filer la France de l'avenir, sortons de notre léthargie, l'après-crise nous y oblige. Prenons notre ticket pour ce retour vers le futur planétaire mais marquons-le de notre empreinte. Ce séisme sociétal nous a propulsés dans le nulle part, soyons dans le quelque part.

Ne laissons pas tarir notre source d'idée, victime des fuites de cerveaux, des envolées de capitaux, des herbes plus vertes, des ailleurs aux impôts moins noirs. Nous avons tardé à entrer dans la course des nouvelles technologies. Mais nous y sommes désormais avec un atout que nos concurrents nous envient, le triple apport de nos valeurs, notre culture, notre créativité.
Tout bouge et d'abord notre moral, soudain en convalescence. Deux décennies en roue libre nous ont mis à la traîne du peloton des nations conquérantes. Par bonheur, notre jeunesse, ses start-ups, ses objets connectés, sa passion du neuf, sa fringale collaborative, sa soif de vivre, sa chasse aux émotions prennent le relais.
Pour elle, c'est ici et maintenant.

Il était temps ! Inlassablement formatée par ces outils digitaux ivres d'instantanéité, la jeunesse invente son modus vivendi. À lui seul, YouTube diffuse 400 heures de vidéos/minute, 1 milliard ½ de terriens sont inféodés à Facebook, Instagram atteint le milliard d'utilisateurs. En 2020, 80 milliards d'objets connectés parachèveront notre mue.
J'en ai le tournis.
Façonnés par l'interaction devenue la réflexion

de notre temps, écrite en direct et en live par les internautes eux-mêmes, normal, les jeunes délaissent notre civilisation médiatique d'hier pour les avoir trop matraqués. Nous avons cru, en parents largués, que la fin du XXe siècle était l'instigatrice d'une société de communication ! Elle n'a enfanté qu'une terre de solitude. Plus nous avons communiqué, moins nous nous sommes parlés. L'écran de la télé, de l'ordi, du mobile, tenant justement lieu d'écran.

Désormais nous allumons notre télévision mais nos enfants ne la regardent plus. Leurs nouveaux Dieux de l'audimat sont YouTube, ITV et Netflix. Mais leurs Maîtres à penser les réduisent à deux pouces pianotant dans un délire fanatique sur un mini écran qui les obnubile. Ils consultent leurs smartphones plus de 150 fois par jour, un sur deux avant même d'avoir quitté son lit. Et le phénomène gangrène le monde. 95% de la population mondiale a désormais accès à cette pieuvre dévoreuse de temps et de neurones qui nous transforme en fétichistes du net, lorsqu'elle ne devient notre linceul.

La pub qui m'a le plus ébranlé cette année est plus qu'une pub, une alerte mondiale.

Elle vient de notre agence de Shanghai.

Chaque 8 minutes, un chinois meurt au volant

en textant un mail sur son téléphone. Nos créatifs ont eu l'idée de récolter 350 téléphones brisés dans le choc, porteur du message tueur. Réunis dans un musée, chacun est fixé au milieu d'un grand panneau noir, simulant dans leur alignement un cimetière militaire. L'image est si frappante et si parlante qu'aucun des visiteurs n'a refusé en sortant de s'engager à ne plus jamais téléphoner en conduisant.
Le titre de l'expo résume le poids du drame et le choc de l'idée : SMS last call.
Le plus grand concurrent de celui qui se nommait hier le petit écran, a trouvé plus petit que lui, c'est le mobile, il sera le 1er média du monde. Dès 2021, en joignant géolocalisation et personnalisation, il doublera internet captant 60% du marché publicitaire. Mais déjà, il est le chouchou des créatifs de tous les continents.

Il est un défaut masculin, pour ne pas dire un vice de « formes », qui s'avère hélas international, c'est la triste habitude de la classe mâle de couper la parole aux femmes. Pour les dénoncer, le téléphone est l'arme idéale car équipé d'un microphone, d'où la création, par notre agence brésilienne, d'une application fatale.
Elle analyse les conversations en temps réel et

piège les « interrupteurs » pris en flagrant délit. La différence d'intonation entre une voix féminine et une voix masculine permet de totaliser les temps d'enregistrement des deux parties. Le constat est sans appel. Lancé dans 57 pays, repris par les grands networks de Fox news, à la BBC, du NY Times à El Pais, la campagne a généré 700 millions de discussions sur le sujet, libérant la parole des femmes.
Le téléphone n'a pas fini d'être mis à toutes les sauces publicitaires. C'est la rançon du succès. Durex ne se limite pas à son cœur de métier, le préservatif, il édite chaque année un assortiment d'accessoires pour faire durer le plaisir. Notre agence australienne a tenu à mettre son grain de sexe en créant une lingerie féminine et un slip masculin équipés de capteurs branchés sur votre portable et celui de votre partenaire. Ils permettent de simuler à distance des prémices amoureux, en appuyant sur les 4 coins de son smartphone devenu sexphone. Playboy et Playtoy ont affolé les réseaux sociaux.
Ils nous étonnent et jusqu'à nous subjuguer par leurs prouesses technologiques mais pour quel mode de vie, mode de pensée, mode de créer, mode d'aimer autre que notre aliénation.
Gaffe aux GAFA !

La Génération Numéris, puisqu'il faut bien l'appeler par son nom, a osé entrer en résistance. Face à la montée du despotisme numérique, elle a engendré une société virale ubérisant notre vie quotidienne devenue société de coopération. Ces nouveaux comportements renouent avec nos vertus traditionnelles : créativité, réciprocité, intégrité, intrépidité, humilité. Ce retour à un certain angélisme fait de cette mue collaborative une fabrique d'émotions collectives. Les services d'échange se multiplient, ils partagent une volonté commune de soutien mutuel. Fleurit en parallèle, la considération de l'Autre. Multi-émotivité et multi-collectivisme s'unissent pour offrir une vie plus sobre et plus solidaire, plus partageuse et plus partagée. La production communautaire y trouve son horizontalité en lieu et place de la verticalité pyramidale de notre ère industrielle. Chez eux, l'affect trouve la place qu'il mérite, réchauffant la froideur technologique par la chaleur humaine. L'émotionnel prend le relais du matériel. Pour eux, le modèle de leurs parents ne fonctionne plus.

Premier coupable, la conso.

Leur défi : consommer moins, consommer mieux, consommer ensemble, consommer français.

Et attendre de la com, une communion pas une consommation.
Raphaël Enthoven dans ses « Morales Provisoires » a donné une définition de Facebook qui m'enchante : « c'est un univers où le centre est partout et la circonférence nulle part, c'est un trombinoscope planétaire et même si les portes en sont grandes ouvertes on s'y bouscule pour y entrer ».
Je refuse, comme lui, ce fast-food de la dépersonnalisation où chacun veut être l'autre et que tous le sachent pour ne pas risquer de violer les règles de partage de la communauté.
J'ai la chance d'avoir des jumelles : Ava et Mia, belles à mourir mais savent-elles vivre. Je les vois respirer au rythme de Facebook et Instagram.
Pas une minute sans tweeter. Pas une heure sans décrire la banalité de l'instant. Pas un jour sans afficher son amour ou sa brisure du moment. Drôle de vie, si grégaire et pourtant si généreuse, si égotique et pourtant si partageuse, si vaporeuse et pourtant si talentueuse.
Et dans le même temps, nos jeunes ne sont plus les laissés pour compte de la Silicone Valley, ils conçoivent les plus inventives start-up numériques après les Américains, ils sont les Robins des bois du e-commerce, s'emparent des nouveaux réseaux locaux (agricoles, associatifs ou

de services à la personne...) pour y mettre un mix de savoir vivre, savoir-faire, savoir aimer. Et si le moteur de la relance était l'humanisme et non le despotisme en cours. Ce n'est pas l'économie, l'industrie, le commerce qui défaillent, c'est l'usage qu'ils ont fait de nous et jusqu'à l'usure. Le monde ne change pas, c'est à nous de changer de monde. Pourquoi ne serait-il pas une terre où la technologie ne jouerait plus l'hégémonie mais l'harmonie. Plus une guerre contre nos acquis mais une paix durable entre racines et futur.

Recadrons ce totalitarisme naissant de la Tech-attitude, sans foi ni loi, cultivons notre indépendance, elle nous aidera à devenir ce que nous sommes, non ce que l'ère digitale voudrait que nous soyons. Pour ce combat vital, il n'est qu'une potion magique, ce mix d'imagination et d'émotion, d'inventivité et de générosité, de poésie et de facétie, de ramage et de plumage qui s'appelle la créativité. Et plus encore lorsqu'elle se met au service des plus démunis. Chaque jour 650 000 cambodgiens rejoignent leurs usines qui produisent chaussures et vêtements avec lesquels les athlètes du monde entier vont repousser leurs limites. Ces héros des stades sont loin d'imaginer que ces femmes et ces jeunes, transformés en machines humaines, les dépassent quotidiennement. Notre agence belge a eu l'idée d'enregistrer leur rythme cardiaque (150), les calories brulées (2500), l'insupportable humidité ambiante (85%), l'étouffante chaleur (34°) et le honteux salaire qu'ils perçoivent. Il a suffi d'un spot de 30 secondes, témoin de cet enfer, pour déclencher l'ire des réseaux sociaux et réveiller la conscience des fabricants.

Seront au rendez-vous de la croissance et de la prospérité retrouvées ceux qui prônent l'équilibre entre Tech et affect et s'ouvriront, en même temps, au numérique futuriste et au respect fondamental de nos êtres profonds. Ils abordent le monde 2.0 sans ne rien perdre de la terre des hommes. « Nous aurons fait un long voyage pour arriver au voyageur », dit le proverbe persan. Il n'empêche, je tremble que la techno mania débridée nous conduise à une humanité déshumanisée. Au risque de paraître démodé, je me ferai le chantre d'une technologie au service de l'homme et non de l'homme au service de la technologie.

On ne se refait pas.

CHANGEONS DE CERVEAU

D

Drôle d'époque, drôle de monde, drôle de nous !
La crise, lorsque ce n'est pas la guerre, saute d'un continent à l'autre au risque de faire de la planète un nouveau champ de ruines.
La Russie vitupère contre l'Amérique qui le lui rend bien tout en jouant à se faire ami-ami avec la Corée du Nord. La Chine rêve d'asservir Taïwan tandis que la Turquie s'installe dans une dictature islamo-nationaliste, voire islamo-orwellien. L'Europe ne croit plus à l'Europe : la vieille Angleterre se fait Brexit, la Catalogne joue les indépendantistes déçus. Le populisme gangrène l'Allemagne et prend le pouvoir à l'Est, Hongrie, Pologne, République Tchèque.
Le doute en chaîne ronge les peuples.

Nos élites planétaires l'ont conduit au bord du gouffre, réveillant toutes nos peurs : peurs guerrières, et désormais peurs terroristes, peurs nucléaires, peurs sanitaires, peurs sociales, peurs économiques. Jamais notre planète n'a connu une telle phobie plurielle.

De là à craindre un avenir maléfique…

Il sera ce que nous en ferons. Par définition le futur a de l'Avenir : le nôtre. Plus que jamais, il nous appartient de le maîtriser.

À chaque pays son momentum ! La France, en changeant de Président, a changé de disque dur. Après des années de quasi immobilisme, nous bougeons et d'abord dans nos têtes.

Nos eighties, privées de l'Aristocratie des temps passés, avaient généré sa classe supérieure, une noblesse culturo-économico-politico-médiatique se partageant pouvoir et gloriole. On ne refaisait plus le monde, on faisait son numéro. On ne débattait plus, on rebattait. On ne combattait plus, on persiflait. Nos leaders, devenus Guignols de l'info, faisaient les guignols mais plus l'info. Rideau !

La petite crise de 1990-1992, précurseur de la grande crise de 2008 dont nous sortons enfin, a eu tôt fait de changer l'euphorie factice en crise de désespoir.

Ces enfants gâtés de 68 qui n'avaient peur de rien, ni même des barricades, ont laissé la place au mur de la peur, nous enfermant dans nos craintes tel un mur de la honte. Oubliée la passion pseudo-révolutionnaire qui nous fouettait le sang ! Nous avons sombré dans le conservatisme castrateur de la raison gardée. Se raccrocher à la seule puissance rationnelle confine à l'impuissance. Ne s'en remettre qu'aux faits, chiffres à l'appui, c'est être aussitôt trahi par eux. Croire que la logique résout tous les problèmes c'est oublier que la création est rupture. Les nouveaux Jedi de l'économie, comme de la recherche, comme enfin de la politique, quittent les berges de l'intellect pour aborder celles de l'affect.
Demain leur appartient !

Le XXe siècle a vécu sous la terreur de la raison, le XXIe siècle sera celui de l'émotion, il était temps. Les études d'Hervé Chneiweiss, spécialiste de la neuro-éthique, montrent que notre cortex préfrontal, siège de notre quotient émotionnel, est la région cérébrale qui nous différencie le plus de nos cousins grands singes. Et le dernier à avoir évolué.
Pour avoir trop négligé cette fonction nous peinons

à laisser libre cours à nos sensations. Notre cerveau est notre moteur. À l'essence pragmatique de Descartes, il est temps d'ajouter l'énergie créatrice de Picasso.
Soyons hybrides.

Le rationalisme est notre facilité, l'émotion est la force. Arrêtons de camper sur nos certitudes, développons le pouvoir de l'émotion, arme fatale face à un monde 2.0 de brutalité, de rapacité, de cynisme, de déshumanisation.
Les recherches du professeur Antonio R. Damasio, chef du département neurologique de l'université de l'Iowa, prouvent que, dans notre appréciation de l'autre, c'est notre lobe droit qui déclenche nos états de grâce. Notre lobe gauche ne faisant que rationaliser après coup ce choix. En est-il d'ailleurs autrement dans l'acte sexuel, par définition plus Quotient Emotionnel que Quotient Intellectuel ? Le QE est au QI ce que la passion est à la raison, l'amour à la fornication. Pacsons les pour faire rimer efficacité et humanité. Qu'à la dictature de la raison succède la démocratie de la symphonie de l'intellect et de l'émotionnel. Elle seule saura, par la force des idées, nous prévenir des risques d'une surchauffe technologique capable de nous brûler les ailes.

QE sans QI n'est que ruine de l'esprit, QI sans QE n'est que ruine de l'âme.
Nos sentiments sont les moteurs à réaction de nos comportements, révélateurs de sensibilité et donc de sens, ils nous engagent au plus profond de nous-mêmes. Que serait l'amour sans émotion ? Une gymnastique répétitive, un peu bête. Que serait la création sans émotion ? Elle est son oxygène. Pouvoir l'identifier, la spécifier, la personnaliser ouvre un océan d'espérance à notre métier en perpétuelle refondation.

La pub a chassé la réclame, la com détrôné la pub, la data prend le relais. Elle crée une fusion relationnelle entre une marque et ses clients. Que rêver de mieux pour un produit à bout d'arguments, à bout d'impact, à bout de souffle. Cette individualisation de l'affect, cet « à chacun son émotion », c'est enfin la personnalisation possible de la création. Mais la data n'est que l'enfant de la donnée, c'est sa limite. Information n'est pas séduction. Nécessaire mais pas suffisante, elle manque de la vraie intelligence, celle du cœur et de la vraie pertinence, celle de l'esprit. Froid listing nous répertoriant, elle fait de l'achat une formalité. Seule sa personnalisation en fait une aventure individuelle nous protégeant de l'enrôlement dans les armées bioniques de 1984.

À la condition expresse que la créativité l'anime et la transcende. La pertinence des données générales a ses limites, très vite périmée, insuffisamment précise, peu prédicative. Aussi faut-il assurer une efficacité maximale à chaque data. C'est la chaîne toute entière du processus de conviction qu'il faut réhumaniser. L'acheteur est une personne pas une adresse. Nos chers annonceurs semblent avoir glissé du client first au data first. Erreur d'aiguillage : l'acquisition d'un produit n'est pas une transaction marchande mais un désir qui se mue en plaisir. La créativité est à la vente ce que l'érotisme est à l'amour. Elle assure le passage à l'acte, l'affect est le meilleur viagra.

Hélas, le numérique nous géolocalise, nous numéralise, nous robotise, nous déshumanise. Il préfère la « gestion de la relation » au transport de l'affection, la désincarnation de la vente à sa sensibilité partagée. À trop chasser électroniquement le client, on oublie sa nature, à le considérer comme un magma d'items, on le réduit à une compatibilité. À ne lui parler qu'en langage codé, on perd l'usage de la parole, ce lien ancestral de l'humanité.

Hier, la parole donnée valait contrat, la signature électronique a pris le relais. Rien d'étonnant à ce que le consommateur se rebiffe, son envie est plus authentique, plus simple, plus naturelle. Il aspire à se retrouver dans le réseau social du vivre vrai, la meilleure façon du vivre ensemble et refuse une forêt de capteurs où les échanges ne sont plus qu'électroniques. Un besoin de communion, tel le dernier concert de Johnny réunissant dans une ultime prière en chanson un million de fans des Champs Elysées à l'église de la Madeleine.

L'art du nouveau média-planneur est de mixer l'infiniment grand et l'infiniment ciblé pour une efficacité augmentée. La chasse à la Data est ouverte, mais, surtout, la mise au niveau de notre chère vieille télé forcée de proposer de plus en plus d'écrans ciblés. Comment contrer autrement les Jedi de la planète GAFA, vendant en direct aux annonceurs leurs propres offres ? L'atout de la data face à la créa est de la réinventer. Plus de pertinence, plus d'efficience, plus de vérité, plus de précision. Ce n'est pas une opposition mais une coopération l'une est le support, l'autre l'apport. L'erreur est de les opposer, elles sont condamnées à s'entre-aider,

à la condition de fusionner et non de s'additionner. La data reste une donnée, la créativité est une idée, ensemble elle se font efficacité.
Ainsi se crée un champ neuf d'idées nouvelles plus solidaires, plus humaines, plus personnelles.

Le vieux monde de la pub était à bout de souffle, sombrant dans l'éternelle redite de ses slogans usés. La data propulse l'inventivité dans un nouveau monde qui s'ouvre. À la créa de ne pas se laisser ni submerger, ni embrigader mais de dépasser ses limites d'hier. Elle ne réussira dans cette course à l'avenir glacifié par la technologie, que si elle apporte la chaleur de ses racines émotionnelles.
Avis aux mordus du Big Data, sa suprématie en l'état n'est pas acquise. Pour les en convaincre notre agence parisienne BETC a reconstitué, dans un spot, le monde de la fin du monde. Rassemblant pour le lancement d'un nouveau jeu Ubisoft « The division » des milliers de datas de 3 800 villes du globe (Hôpitaux, pharmacies, supermarchés, aéroports) soit ½ million d'infrastructures.
L'expérience démontre sans appel que le blocage des données créerait une pandémie algorithmique tournant à l'apocalypse.

Lancée dans les réseaux sociaux, la vidéo va toucher 3 millions de visiteurs le premier jour, sacré best-seller de la série le jeu décrochera le record mondial des ventes en 24 heures. Annoncée comme le média ultime, la data n'est qu'un listing comme un autre, certes capable de géolocaliser, segmenter, canaliser mais ni plus ni moins qu'un support de plus. Il est temps pour elle de faire sa révolution émotion.

Déjà, la vente n'est plus un achat, mais une « expérience » inoubliable de consommation. L'affectif remporte sa première grande victoire sur l'objectif. Les marketeurs vont pouvoir jouer les metteurs en scène des 5 sens. Dans le rayon chocolat est diffusée une odeur de cacao fumant, soutenue par une musique et une iconographie africaine qui vous conduisent à la dégustation. L'explosion du sensoriel transforme l'achat, cette corvée, en plaisir. Enseignes et marques vont se soustraire au suicide collectif de la chasse aux prix pour se lancer à la découverte de nouvelles sensations. La meilleure façon de renvoyer la déferlante de l'e-commerce à son absence coupable de tout sentiment. L'hédonisation des produits est leur gilet pare-balles face à la dématérialisation de leur achat. Plus les points de contacts sensoriels sont nombreux, plus les traces laissées se gravent dans l'inconscient. En esperanto universel, la musique est le premier levier. Les restaurants d'été, les bars feutrés, mais tout autant les boutiques de mode et les hypers de la conso, savent qu'il faut moduler son et choix musical selon les heures de la journée.

Les Mousquetaires sont allés jusqu'à créer leur propre station de radio, Nature et Découvertes est revenue à sa source : bruissement de feuille et bruits animaliers, frétillement de rivière ou frémissement de vent. Phildar joue lui sur le velouté du touché de la laine, la pelote est l'âme tactile du magasin. Mauboussin, soucieux de son image de luxe sensoriel, a équipé son flag store de la plus belle avenue du monde d'un bar à chocolat. La RATP choisit les odeurs de ses nettoyants de couloir de métro, selon les saisons les Galeries Lafayette sentent le sapin à Noël, et le Monoï en été, BMW a créé son propre parfum diffusé dans toutes ses concessions.
Et pour Thalys, les créatifs de Rosapark, notre agence top crea, ont inventé les abribus sonores. Installés à Paris, Bruxelles et Amsterdam, chaque affiche numérique renferme 1000 sons, écoutables indépendamment, à l'aide d'un headphone Jack.

Au menu : conversations, musiciens des rues, langues étrangères, criées de marché, cloches d'église, un concert insolite qui permet à la ville de révéler aux touristes sa multi sonorité. Mais tout reste à faire, le média le plus avancé de tous les temps, le digital, reste le plus attardé créativement. Sous le couvert d'une nécessité de rapidité et simplicité d'action, toute imagination semble s'envoler.
Nouveau venu, nouveau parvenu, le numérique fuit l'émotion craignant d'affaiblir son pouvoir logiciel. Stupidité : le digital est le média le plus puissant et le plus instantané pour créer un corps à corps en direct avec le consommateur. Et pourquoi pas un cœur à cœur. Comment se priver de ce qui a toujours mené le monde de la pub : donner l'envie d'avoir envie. La force de la data est son pouvoir de personnalisation, le ciblage ne suffit pas pour séduire.
« L'important c'est la rose ».

D'aucuns professent que le nouveau média c'est la data. Erreur profonde, le nouveau média, c'est l'idée. Une data sans idée est comme un fusil sans cartouche : un simple épouvantail.
Plus s'avancent les combats technologiques à venir, plus l'idée sera le nerf de la guerre.

Les marques malines ne s'y sont pas trompées et rivalisent de séduction. Domino's Pizza s'est mise à l'heure du mondial en intégrant le calendrier des résultats des matchs, en s'instaurant partenaire des soirées de foot, en 3 actes.
Acte 1, en annonce du prochain match : préparez votre soirée avec une de nos offres personnalisées.
Acte 2, avant la mi-temps, annonce du score du match en cours et deuxième offre.
Acte 3, dès 21h, dernier message de soutien selon le score de votre équipe préférée.
L'agence a mobilisé, pour assurer cette personnalisation extrême, une armée de directeurs artistiques et de copywriters.
Résultat : jamais une pizza party n'aura été aussi partagée avec une marque.

À nouvelle technologie, nouvelle créativité : un métier s'invente, celui du data-scénariste à mi-chemin entre le marketeur et le développeur. Son talent : donner un sens global à cette prolifération de messages et ne jamais trahir l'ADN de la marque, son fonds de commerce.
Ces conteurs du net ne sont plus de simples rédacteurs mais les Hérauts de l'âme des marques. Nécessité donc de connaître leur passé,

leur environnement, leur ambition. Scénaristes plus que publicitaires, ils ne sont plus apôtres du contenant mais des contenus. Avec la chance pour ces « data auteurs » que les auteurs de films n'ont pas, de pouvoir à tout moment, en temps T, infléchir le cours de leurs scripts, si les réseaux sociaux le leur dictent.

Exemple : vous visitez une page achat de maison sur le site « leboncoin », « Groupama habitation » y intègre automatiquement la photo de votre récente visite. Déjà, pour la Cop23 de 2017, Greenpeace avait eu l'idée verte de créer une fausse start-up : Orizon. Cette agence immobilière ne vous proposait que des biens situés sur les futurs bords de mer à venir conséquemment à la montée des océans. En parallèle, « Seloger.com » présentait la cartographie de 2100, le niveau de la mer étant monté d'un mètre. Pour vous mettre l'eau à la bouche, suivait la plus-value potentielle. Hélas, ce n'était qu'un Artefact du nom de l'agence qui l'a conçue.
Mais quelle belle idée neuve.

La « data créative » existe, je l'ai rencontrée. Monoprix, la marque culte de Rosapark a développé une appli « liste des courses intelligentes ».

Vous dictez votre commande sur Google Home ou sur votre Smartphone (d'ici 2020, 50% des recherches Google seront Voice Mail). Pour améliorer votre choix, les story-writters de l'agence ont développé votre liste idéale s'appuyant sur vos achats habituels et vos données références de chaque produit.
La fonction est d'une simplicité biblique, si vous voulez rajouter du beurre, le site choisit pour vous votre marque habituelle. Mais le système va plus loin grâce à votre « historique client », l'algorithme s'appuyant sur votre fréquence d'achat vous propose (en offre promo bien sur) des produits qui pourraient manquer à votre panier. Cerise sur le gâteau, le service ne s'arrête pas là, les « profileurs domestiques » déterminent selon vos emplettes votre menu du jour et vous proposent recette de cuisine et ingrédients manquants.
Elle n'est pas belle la vie !

D'autant que Monoprix a tout compris de l'évolution de son marché exigeant le juste prix mais l'amour aussi. Notre agence a créé pour l'enseigne la plus belle love story de la distribution. Forcée de se régenter, elle a enfin sévi. Un jeune garçon, épris d'une jeune fille, utilise les emballages de l'enseigne pour glisser des lettres tendres cartonnées dans le casier de son vestiaire. Mais la rencontre n'aura lieu qu'à la Fac, quelques dix ans plus tard. Un vrai bonheur de tendresse contenue et de passion rentrée qui en feront un des films mondialement le plus primé.

Ces exemples ont tous connu le succès parce qu'ils s'appuyaient sur une idée. Ils sont, hélas, rares dans ce tombereau d'agressivité, de médiocrité et, pire, d'incivilité qu'est devenue la publicité en ligne. Forcée de se régenter elle prend conscience de ses excès. Les cookies sont désormais interdits. Les cookies, non pas les gâteaux des mamies, mais ces mouchards automatiquement installés sur votre ordinateur pour pister vos habitudes de navigation et vous servir les pubs correspondants à vos goûts.
Autant de techniques intrusives qui se sont retournées contre les intrus.
Ce matraquage subit le même « trop de pub tue la pub » qui, hier, sévissait sur nos spots télévisés. L'Europe, enfin réactive, a mis en place, en Mai 2018, un règlement draconien de protections des données, autre coup porté à ces pratiques dérégulées. Il est temps que les autres continents

se mettent au diapason. Face à l'océan numérique, il y a donc « la possibilité d'une île ». La surenchère technologique restera une course sans fin et sans fond si elle n'engendre pas une relation sentimentale, presque charnelle avec le consommateur. Apple serait-il Apple si Steve Jobs, fils d'immigré syrien et inventeur le plus copié au monde, n'avait pas inventé, plus que l'IPhone ou l'IPad, la durable fidélité à la pomme d'amour ? Une marque se résume à la valeur fondamentale qu'elle incarne. La priver de ce socle, c'est la livrer aux morsures du temps et aux flétrissures des aléas économiques. Comment se prémunir autrement que par ce rapport sensoriel face à notre société Kleenex. Marketing et merchandising, sociologie et économie n'ont cessé de vouloir rationaliser, codifier, nomenclaturer leurs techniques, réduisant l'acte d'achat à un clic.
Fausse route !

Se contenter de remplir votre frigo à votre place dans une domotique libératrice ne suffit pas.
La consommation marche à l'émotion pas à la raison, au coup de cœur, pas au cout d'achat, à l'envie pas à la nécessité. L'art de la vente est une science humaine pas une science exacte.

L'uniformité nous divise, l'émotion nous rassemble. L'automatisation nous manipule, l'émotion nous emporte.
Laissons-nous emporter. Décidons de notre monde d'après sans laisser le numérique nous imposer, le sien.

BIG DATA
BIG CHANCE
BIG HOLD UP

L

La Chine compte deux millions d'enfants disparus. Leurs parents ne cessent de les rechercher. Une quête difficile, avec l'âge l'apparence change, comment les reconnaître ? Touchée par ce drame, il n'est de plus grande douleur que la perte d'un enfant, doublée de celle, lancinante, de toujours espérer, notre agence chinoise a eu l'idée de réunir experts généalogiques et ostéologiques pour établir leurs portraits robot en 3D, mixant data et DNA. Affichés dans 450 grands villes, ils ont lancé un appel multimedia sans précédent à personnes disparues. Tout est géant en chine, ce sont des centaines de familles qui se sont ainsi à nouveau retrouvées, un succès bouleversant.

La pub, la grande pub, n'est jamais aussi belle que lorsqu'elle fait des miracles.
Merci Big Data.

À l'origine des temps, l'info ne circulait que par oral, mais les paroles s'envolent, l'écrit les a donc gravées dans le marbre de l'histoire avant que le digital ne les dilue dans les nuages numériques. De nos jours, l'info est dans tout, l'info est partout, l'info est pour tous, ectoplasmique et cosmique, enfouie dans ces clouds impalpables. L'humanité a créé plus de messages en 2 ans que depuis son arrivée sur terre. Une entreprise de 1000 collaborateurs stocke chaque année en moyenne l'équivalent de la bibliothèque du Congrès Américain. Ces 15 prochaines années, la masse des datas se multipliera par 50. Nous sommes dans l'incommensurable des chiffres. Quel autre domaine connaît une croissance aussi exponentielle et comment l'endiguer avant qu'elle ne nous submerge ? Cette accélération supersonique crée un big bang de la connaissance et des possibilités d'exploitation sans cesse renouvelées.

Ce phénomène unique s'appelle le Big Data, il mériterait plutôt l'appellation de Big Money.

Le social business n'a de social que le nom, son obsession est de créer, de la valeur et donc des bénéfices. Jusque-là rien de nouveau par rapport au passé, la différence est le changement de dimension et de connexion.
Cette nouvelle planète est celle d'un échange multiculturel, multi-relationnel, multidirectionnel, le chacun pour soi, chacun chez soi, chacun en soi se mue en tous branchés, tous ensemble, tous productifs. Hier, spectateurs paralysés, hiérarchisés, compartimentés, nous voici métamorphosés en acteurs proactifs.

Ce « tous pour un » des nouveaux mousquetaires numériques est le carburant des start-ups. Avec, à l'opposé de cette communion, la transformation économique de l'info générale en infos personnelles mises à la disposition du marché pour mieux l'appréhender.
Cette hyperspécification jointe à la suractivité en 3V (volume, variété, vélocité) de la Big Data est la mine du 3e millénaire, une mine intarissable, celle des algorithmes.
Premier engagé dans cette nouvelle ruée vers l'or - le marché d'un éternel futur, le vieillissement de l'Homme - nous voici tous concernés.
L'univers de la santé se découvre un potentiel

d'innovation illimité. Il dispose du plus grand labo jamais construit, le net et ses données mondiales. Il lui permet de déceler les foyers de maladies ou les épidémies et pandémies en temps T et d'inventer une médecine en 4P : Prédictive. Préventive Personnalisée, Participative.
C'est l'un des plus beaux apports des datas.
Vivement demain.

L'automobile n'est pas en reste, elle nous offre le fantasme de la voiture sans chauffeur avant 5 ans. Qui sera le premier à le réaliser ? Google en a rêvé mais a renoncé, la première entreprise du monde ne s'improvise pas constructeur automobile.
Elle a confié le bébé à Alphabet.
Crée en 2015 par Google, ce conglomérat des sociétés de la « Valley » affichait un chiffre d'affaires de 90 milliards de dollars dès sa première année pour annoncer, 2 ans plus tard, 90 milliards de liquidités. Ce succès ne l'a pas empêché d'abandonner temporairement son projet automobile découvrant, dès les premiers essais, que l'homme était incapable de rattraper la défaillance possible de l'intelligence artificielle.
Le premier accident mortel d'une voiture sans

chauffeur, en Mars 2018, obligera Uber, son propriétaire, à retarder ses tests. Le consortium se consacre désormais à son vrai métier : sécuriser les données, pour le plus grand bonheur de ses concurrents d'hier, devenus ses clients. BMW détrônera-t-il Tesla, le plus avancé, le plus entêté, le plus endetté ?
Les chinois céderont-ils la place et leur marché d'un milliard de véhicules aux américains et à tous les autres prétendants en lice ? Le match ne fait que commencer. Et si Renault décrochait la timbale ? Carlos Ghosn y croit : « La voiture automatique va sauver plus d'un million de vies par an. C'est la plus grande révolution depuis la création des antibiotiques. À nous constructeurs de faire en sorte qu'elle soit la plus sûre possible, la moins coûteuse et la plus adaptée à l'environnement afin que la diffusion soit rapide ». Les paris sont ouverts.

Autre précurseur, Transavia, la société low-cost d'Air France. Low-cost ne signifie pas low créa, notre agence HumanSeven a eu l'idée de vous offrir, le temps d'une promo, des vacances à la « vide grenier ». Je m'explique : vous sélectionnez sur le site votre destination rêvée et vous touchez la double chance, elle vous est offerte à prix cassé et vous la payez en objet ou vêtement que vous

ne voulez plus. Donc, sans débourser un sou. La conversion du prix de l'objet mis aussitôt en vente sur EBay est faite par le biais des datas et l'estimation du prix par PayPal.
Ce sera un des plus fulgurants succès de l'année, une augmentation des ventes de 45% et 330 millions d'insertions média.
Y'a bon data.

Autre idée de HumanSeven qui a fait battre le cœur du père de 5 enfants que je suis.
Pour Hop ! La seconde filiale d'Air France. Les parents de Province envoient à leur progéniture, en fac parisienne, une boîte de chaussures Adidas, mais, déception, à l'ouverture, elle n'en contient qu'une. Les heureux déçus téléphonent aussitôt par Skype. À l'autre bout du fil, papa et maman dévoilent à l'écran la deuxième basket et conseillent à leur enfant de prendre la carte Jeunes Hop ! pour venir les voir. Reste à sauter dans l'avion.
En deux heures, le site recevra près de 100 000 visites et, dès la première semaine, l'activité de la compagnie progressera de 280%.
La data peut tout faire, y compris pallier à la solitude parentale.
Apparu en 2009, Big data n'est pas un gros data

mais un ensemble de données si tentaculaires qu'elles dépassent la capacité humaine à les traiter. Il est la révélation de notre limite intellectuelle, l'arrivée sur terre d'une divinité supranaturelle qui nous dépasse, nous gérera demain, nous remplacera après-demain, si nous n'y prenons garde ! Et, cependant, comment ne pas la bénir, elle repousse les limites, de nos possibilités communicationnelles.

L'infernale explosion quantitative des données numériques nous force à réimaginer leur capture et leur mesure, leur stockage et leur partage.

Aucun secret d'activité ou de pensée n'échappe désormais à leur domination.

Le Big data est le Deus ex Machina du 3e millénaire, capable de guérir la planète de toutes nos plaies sociétales, pauvreté, pollution, criminalité et tant d'autres.

Et tout autant son Satan.

Enfant prodige des GAFA, il met le monde à sa botte, et le futur à sa main. À nous de résister, non contre les avancées qu'il nous offre, mais contre la tentation de laisser l'inventivité reléguer l'imagination, les chiffres régner sur la pensée, le technologue tuer la créativité, la machine dominer l'homme. Big D va nous offrir une nouvelle exploration de l'information et de la connaissance, il sera le guide de l'évolution des sciences humaines et sociales, de l'environnement à la médecine, de la philosophie à la politique, de la religion à la culture, de la météorologie à l'épidémiologie. Sans omettre la gestion des risques de tous ordres, la sécurité de tout bord, la criminalité et de toute sorte, le terrorisme de toute part. Ce charivari sociétal et économique sera l'accélérateur de croissance de la prochaine décennie, il s'immiscera dans le management à tous les étages de l'entreprise et de la vie.

En communication, la révolution data bouscule notre petit monde médiatique jusqu'à ébranler administrations et institutions, (MIT en tête), reconnaissant en big data le défi du moment, reléguant les autres médias aux oubliettes.
Quel chemin depuis Gutenberg et quel retour aux sources ! Avant lui, le média était la lettre personnelle écrite à la plume d'oie sur parchemin, la data est la compilation des données individuelles devenue la missive personnalisée du XXIe siècle.
Avec le risque permanent d'une nouvelle criminologie !

Thalès a publié en début d'année son rapport mondial sur les menaces informatiques. Sa conclusion est glaçante. Les budgets de sécurisation (5 à 8% l'an) sont très insuffisants, ils devraient être de 8 à 12%. Les cyberattaques vont crescendo au rythme de 7 entreprises piégées sur 10, déclenchant une rupture des ventes et par conséquent des profits. Richard Smith, le président de l'agence de Crédit Equinox, s'est fait éjecter de son siège après le piratage compromettant les données personnelles de 140 millions d'Américains. Le président d'Uber connaîtra le même sort pour une fuite des données de ses 57 millions d'utilisateurs et ses 600 000 chauffeurs.
La data peut finir en cata.

Régulera-t-on l'inexorable marche du web. La première étape a vu le web 2.0 propulser internet du statique au contenu figé, produit par ses seuls développeurs et webmasters. Ce fut son moment de grâce. Deuxième souffle : les internautes prendront le relais et s'empareront de la toile pour en faire leur haut-parleur. Blog, photo, vidéo, tweet transforment le réseau numérique en réseaux sociaux.
Le Big Data n'est donc en rien une révolution

technologique mais une prise de conscience de cette avalanche d'infos, désormais à la portée de tous. Il est, dans l'univers instable de l'inflation des données, le Big Bang du croisement des systèmes de stockage et d'analyse numérisés. Dès le milieu du XXe siècle frémissait la prédiction d'une société ou l'homme et le monde ne seraient plus qu'un ensemble informationnel, sa seule différence avec la machine serait le niveau de complexité, la vie devenant alors « une suite de 0 et 1 programmable et prédictible ».
Conséquence naturelle, un demi-siècle plus tard, le Big data et ses algorithmes sont l'enjeu premier de l'industrie et du commerce comme des politiques et des militaires.
Avec la crainte enfouie de voir, un jour, les puissances d'état ou les puissances économiques réaliser le rêve d'Orwell : une dictature planétaire mettant l'ensemble des terriens sous sa coupe algorithmique.
Philosophes et savants s'inquiètent d'une même voix. D'aucuns osent postuler « La vie privée n'est-elle pas déjà morte ». D'autres s'interrogent sur les risques d'atteinte à notre intimité personnelle ou professionnelle en révélant urbi et orbi nos états physiques et psychiques.
En vain.

Hiver 2017 : la phobie numérique déferle sur la ville, n'épargnant personne, le père Noël lui-même serait une ordure ! La CNIL a mis en demeure Genesis, le fabricant de jouet Hongkongais, l'accusant d'atteinte à la vie privée des enfants. La société a été prise la main dans la toile, collectant à leur insu des milliers de données sur nos chers chérubins et leur entourage, à des fins lucratives. Existe-t-il plus abject que de violer l'intimité d'un enfant et de le forcer dans le seul but de faire de l'argent ?

La fin de l'année précédente, en 2016, avait révélé les mêmes infractions sur le robot I-QUE et la poupée Cayla, interdite à la vente en Allemagne. Le FBI en personne lancera aussitôt l'alerte sur les jouets connectés détrousseurs de conscience. En 2015 déjà une Barbie interactive était sur la sellette, elle est toujours en vente au US.
On n'arrête pas la data !

À chacun de s'en préserver. Mais la seule réponse valable est la suppression pure et dure de tels hold-up d'identités enfantines. Messieurs les gouvernants, c'est votre job ! Messieurs les parents, c'est votre devoir, Messieurs les citoyens, c'est votre pouvoir.

En attendant, ignorant les appels à la prudence, la data industrie s'envole affichant une croissance de 30% l'an. Le marché représentera 8% du PIB européen en 2020, comment ne pas en être ? Le volume des données s'est multiplié par 20 en 10 ans. Une progression cosmique, sans fin, sans frein. Pour l'heure, l'homme gère péniblement le flux. Très vite, il perdra la maîtrise du monstre, lorsque les robots moins chers et plus dociles prendront sa place, lançant ordre d'achat et de vente à la nano seconde.
Ce serait le début de la fin.

Mais je reste optimiste, c'est le moindre de mes défauts, la sagesse humaine veillera à ne pas y perdre son âme, sans pouvoir éviter les dégâts collatéraux de toute avancée. L'une des plus vieilles inventions de l'Homme est la roue voici 6000 ans. Il nous a fallu attendre 1769 pour qu'un Français, Joseph Cugnot, crée le 1er premier véhicule automobile.

Dès lors la voiture va révolutionner nos vies. Que serait le monde sans elle ? Et dans le même temps, elle va tuer des millions de terriens.

Il faut l'aimer mais nous protéger d'elle en limitant sa vitesse. Les états s'en chargent et ne cessent de faire baisser le nombre de victimes de la route.
Pourquoi ne le feraient-ils pas pour les victimes du numérique ?

ENTRONS EN RÉSISTANCE

L

Le Big data va changer le monde, on l'en remercie, il n'en est pas moins le plus grand hold-up de tous les temps. Le Big Data, Big Chance, Big Future est tout autant Big Brother, Big Voyeur, Big Profiteur. À qui profite le crime ? À Facebook (40 milliards de chiffre d'affaire) qui empoche un profit de près de 20 milliards de $, à Google (110 milliards de chiffre d'affaire) qui cumule à 25 de profits, Apple (230 milliards de CA) qui atteint près de 50, Amazon (40 milliards dechiffre d'affaire) ? Lui, investit à tout va et se limite à 3 de bénéfices, devenant ainsi le numéro un du quatuor. Et nous, et nous, et nous pourquoi ne vendrions-nous pas nos données personnelles. Ce ne serait que justice.

L'essayiste américain, Jaron Lanier, avait lancé le pavé dans la mare dans son livre « Who owns the future ». Julien Dray, le dernier chantre du socialisme, avait aussitôt proposé une dotation universelle prélevée sur ces profits illicites, de 50 000 euros pour chaque terrien dès ses 18 ans. Chiche !

Qu'attendons-nous pour réclamer notre dû ? Après tout, nous sommes propriétaires de nous-mêmes et donc spoliés par les majors numériques. Un sondage effectué en même temps au Japon, US et EU a révélé qu'un citoyen sur deux y était favorable. On le serait à moins.

Autre profiteur : Amazon, le mouton noir de la Silicon Valley, devenu sa poule aux œufs d'or.

Voici trois décennies, Jeff Bezos, fils d'immigré cubain, débarque sous l'œil goguenard, voire méprisant, de ses coreligionnaires de la Silicon Valley. Il propose l'idée simple de rapprocher le consommateur de la consommation. Le voici devenu le milliardaire des milliardaires, diversifiant son groupe en accéléré aux quatre coins du globe, doublant tous ses concurrents, hors la chasse-gardée inviolable de la Chine. Plutôt que de vivre en rapace du seul rapt de nos données personnelles, il révolutionne la production et la consommation. Il se glisse dans nos existences pour nous guider vers un mode de vie mieux choisi, mieux guidé, mieux servi. Merci Jeff d'utiliser la technologie pour notre bien ! Mais à quel prix d'emplois détruits, de petits commerces en faillite, d'hypers condamnés, de consommateurs ruinés et... d'enrichissement pour toi.

Chaque Dieu a son Lucifer. Chaque époque son Diable, le nôtre s'habille en GAFA. Dès 2011, Danah Boyd chercheur de Microsoft et Kate Crawford, de l'université de New South Wales, listaient ensemble les maux prévisibles : « L'automatisation de la recherche change la définition du savoir, les revendications d'objectivité et d'exactitude sont trompeuses, les plus grosses données ne sont pas toujours les meilleures. Toutes ne sont pas équivalentes. Accessible ne signifie pas éthique, le Big Data va créer de nouvelles fractures numériques ».
J'en frémis et l'on peut, huit ans plus tard, rajouter à la liste la déshumanisation de notre société et son flicage. Nous entrons dans l'ère de la surveillance. À coup de carte bleue, de smartphones, d'internet, nul ne peut plus échapper au Big Eyes, le monde se transforme en Sing Sing planétaire, la protection de la vie

privée est devenue nécessité vitale mais qui saura (ou voudra) l'assumer. Nous progressons inexorablement vers un monde d'où s'exclut toute liberté de respirer, si elle n'a pas été enregistrée par Big Brother devenu Big Stasi. À la clef : la petite mort de l'espace public, siège des rencontres, lieu des échanges.
Et pour finir, quid de l'altérité, de son interprétation, de sa compréhension par datas interposées ? « L'autre n'est pas une donnée » dixit David Pucheu. En risque aussi, la création. Désormais, notre émotion est fabriquée par Big D qui nous ressort, dans les films, comme dans les séries, les mêmes déclencheurs d'affect, tous issus des mêmes data. L'ennui naquit un jour de l'uniformité. À trop nourrir leur contenu de ce que nous attendons où est la surprise, où est la nouveauté, où est la créativité ?

Lors de son inattendue venue à Paris à l'invitation des Napoléons, le « So French think Tank », Barak Obama himself, face au CAC et aux fils de pub réunis, n'a pas déçu. Après un coup de cœur entendu « Bonsoir Paris, c'est super d'être ici » en français, il aura (en anglais) un coup de griffe attendu pour les harceleurs et un coup de gueule ingénu contre Facebook. « Aux États-Unis, cela

devient le canal principal par lequel l'information arrive aux gens. Si vous êtes conservateurs, vous allez uniquement recevoir les nouvelles qui vous concernent. Bref, vous êtes soumis à des formes de propagande qui renforcent votre biais de perception ». Quelle claque venant du Président le plus inspirant depuis JFK. La personnalisation des messages conduit à la pensée unique. Elle monopolise l'opinion éliminant toute réflexion, toute discussion, toute contestation. La dictature des GAFA envahit nos cerveaux.
Faites comme moi, je me soigne. Résistez.

C'est à nous de décider de notre futur, il sera ce que nous serons. À quand le super calculateur européen qui nous mettrait au niveau de l'Amérique, de la Chine et du Japon ? À quand notre capacité à développer nos propres algorithmes continentaux ? La France seule, quelles que soient ses capacités innovatives, n'en aura jamais les moyens. À quand l'encadrement de nos données européennes communes stockées, broadcastées, traitées sur notre sol ? Thierry Breton propose la création d'un espace territorial numérique, tel notre espace maritime ou aérien. Il souligne : « les GAFA tentent de faire du numérique un no man's dont ils écriraient

la loi. C'est terminé ».
Et de plaider à son tour pour une patrimonialité des données dont chacun reste le propriétaire et, s'il le désire, le vendeur.
Un des premiers investisseurs de Facebook, Sean Parker, a fait, en novembre dernier, son acte de contrition publique : « Facebook exploite la vulnérabilité de la psychologie humaine. Dieu sait ce que ça fait au cerveau de nos enfants ». Quant aux adultes, Google nous prend souvent pour des gogols.
On est toujours dénoncé par ses collaborateurs fugueurs. Malgré son image hippie moderno, entretenue à coup de RP somptuaires, Google n'échappe pas à la règle. Stephens Davidowitz, ancien salarié de la pythie informatique, dévoile, dans son livre vérité, les magouilles sur notre identité numérique. Son constat : les données cachées. Elles révèlent plus que celles que nous diffusons, elles nous scannent. Google est notre psy imposteur et nos tweets volés des racoleurs des vérités qui se cachent sous nos réactions spontanées.
Éric Horvitz, directeur de Microsoft Research, voit dans ce potentat de l'IA « des attaques sur l'esprit humain ». On vous envoie des Tweets rédigés selon votre comportement sur la toile.

Décodés, vos messages, vos achats, vos sorties, vos rencontres, déterminent votre attente du moment. De là à orienter votre vote, il n'y a qu'un pas que Donald Trump s'est empressé de sauter.

La start-up britannique Cambridge Analytica s'est même vantée d'avoir joué un rôle dans sa victoire. Le scandale éclatera fin Mars 2018. Une enquête commune du New York Times, de The Observer et du Guardian, trois molosses qui chassent en meute, dévoile que le cabinet d'analyse aurait collecté indûment les données de 87 millions d'utilisateurs de Facebook.
But : élaborer un logiciel capable de prédire et d'influencer le vote en faveur de Donald Trump.
La sinistre révélation va coûter en 48 heures aux GAFA, géants aux pieds d'argile, une sévère décote boursière. Facebook sera le plus pénalisé, dérapant de 11% (Google va suivre à 7,5%, Apple à 5%, Microsoft à 2,6%). Les excuses de Mark Zuckerberg n'en seront pas : « j'ai bien peur qu'il y ait un problème d'algorithmes et que le mode économique de Facebook permette à de mauvais acteurs de nuire à ses utilisateurs innocents ».
Mais le premier d'entre eux, c'est ce cher… très cher Mark. Après ces erreurs avouées dans

l'ingérence de la Russie, l'affaire tourne à la crise, le Zuckerberg Gate va stupéfier le monde et s'achever en drame.

Arriva ce qui devait arriver, le poids du scandale écrasera comme une mouche tsé-tsé la start-up britannique. En fin de compte, elle coûtera 80 milliards de $ de valeurs boursières à Facebook. Le premier scandale planétaire de big datas s'achèvera par la faillite méritée de Cambridge Analytica. Le licenciement de son PDG Alexander Nix n'aura pas suffi à sauver l'insauvable, le viol de la démocratie. Acculé par la montée en puissance d'une récrimination devenue mondiale, Mark Zuckerberg annonce le 1er Avril, mais ce n'est pas un poisson, qu'il lui faudra plusieurs années pour assainir son modèle économique. Et de décider de rompre avec ses partenaires agrégateurs de données (Axiome, Experian, Oracle, Transhunion, WPP). La bourse réagira aussitôt, Axiome plongeant de 10%. Les annonceurs eux-mêmes mettront le holà aux mesurettes annoncées, ils exigent une réforme en profondeur. La secousse est violente, Facebook pour la première fois perd la Face. Les data-brokers seront désormais persona non grata, un bon début mais cette éviction ne suffira pas à endiguer le déluge planétaire de lazzis.

Enfin, vint le jour où le rêve de maison blanche s'envola. Le Dieu Mark à la tête de ces 2 milliards d'internautes nous promettait l'eldorado numérique, une vie en like, une société de followers, une planète d'amis. Les électeurs américains espéraient voir la gazelle en jean et Nike chasser de son trône kitsch l'ours à la crinière jaune. Mais ce 11 Avril 2018, l'éternel étudiant qui avait fêté son premier milliard à 19 ans se présente la tête basse devant le Sénat pour son grand oral.
Le sénateur John Thune débute l'interrogatoire carte sur table : « Les entreprises technologiques doivent comprendre que ce n'est pas le Wild West et qu'elles ont des responsabilités.
Votre histoire représente le rêve américain, vous avez l'obligation que ce rêve ne se transforme pas en cauchemar de notre vie privée ».
Le sénateur Dick Durbin porte l'estocade :
« Seriez-vous à l'aise à l'idée de nous dire dans quel hôtel vous avez séjourné dans la ville hier soir ? »
Réponse de l'intéressé : « No ».
« Seriez-vous à l'aise de partager avec nous les conversations privées que vous avez eues entre amis ? »
Réponse de l'accusé : « No ».

« Et bien, c'est de cela dont il s'agit aujourd'hui ». Les cinq heures d'audition laisseront sur leur faim l'Amérique et le reste du globe à l'écoute.
À son habitude, M. Facebook jouera les pleureurs, s'excusant et répétant dix fois le mot erreur. Il n'en perdra pas pour autant son arrogance, à la question : « Vous n'appliquez pas aux US les lois de protection européennes ». Il répondra sans gêne : « Nous n'avons pas les mêmes sensibilités ». Excuses à effets et promesses sans effets, la face obscure de Facebook continue d'assombrir le monde médiatique. Les français ne sont plus dupes, le lendemain de cette confrontation, ils seront 92% à déclarer lui retirer leur confiance. Mais pas leur appartenance.
La créature a bel et bien échappé à son créateur, une campagne en ligne appelant à boycotter Facebook a fait un flop. Son boss n'a aucune intention de changer de modèle économique, c'est le modèle philosophique qu'il faut remettre en cause. Quelle autorité suprême y pourvoira ?
La bourse, elle aussi, s'inquiète, le cours de l'entreprise, dans cette mise en accusation, a perdu 17%... Mais reste supérieur à celui de l'an passé, la progression des profits ne sera en rien altérée.
Et, lorsque l'on demande à son propriétaire s'il

pense en être le boss idéal,
Réponse de l'accusé : « Yes ».
Rien n'arrête la mauvaise foi, sinon la bonne conscience. Elle tarde à venir au royaume Facebook, triste Face black. Sans sourciller Big Mark va opérer une nouvelle pirouette et priver un milliard et demi de ses utilisateurs, hors US, de l'accès à leurs nouveaux droits établis par la règle européenne de protection des données. Jusqu'alors, ils dépendaient de la juridiction irlandaise, choisie pour sa mansuétude fiscale. Zuckerberg s'est empressé de déplacer le recueil des conditions d'utilisation de nos données vers Menlo en Californie, la législation américaine étant moins contraignante.
Trop c'est trop, les esprits s'éveillent : Je ne suis pas le seul à prôner la résistance face à la mainmise des GAFA. Éric Sadin, un des premiers et des plus pertinents, a dressé un essai au vitriol contre la « Siliconisation du monde ».
Il les accuse, à juste titre, de « conquête intégrale de la vie » dépassant les simples critiques de la capture de nos données, il n'hésite pas à parler de modèle civilisationnel autrement plus destructeur que le modèle économique.
Comment douter de l'organisation algorithmique qu'ils mettent en place ?

Enfin se lève le début d'une fronde planétaire. Le journaliste du Monde Vincent Fagot, fin août tirait le premier la sonnette d'alarme annonçant « l'ère révolue des de l'acronyme GAFA » retrouvant les positions du boss d'Aliya Capital Ari Shrage. « L'heure du réveil a sonné ». On ne peut plus parier aveuglément sur ces valeurs boursières » et le renchérissement de Mike O'Rourke de John Trading assenant : « on dirait que c'est le début de la fin de l'ère des GAFA ». Les 4 Seigneurs des Anneaux numériques voient plonger la courbe de leurs abonnés, et donc celle de leurs marges. Leur repli est la diversification à tout va, avec l'obligation de se mettre désormais en concurrence directe. La guerre des 4 commence, elle risque d'être meurtrière. En parallèle les Etats semblent sortir de leur longue léthargie : l'Europe est le premier continent à sévir, elle n'a pas hésité en juillet dernier à frapper les GAFA au cœur le portefeuille. Elle a infligé à Google une amende de 4,3 milliards d'euros pour position dominante et pratique illégale entravant la concurrence. Notamment en imposant la pré-installation d'Android et son navigateur Chrome. (1,25 milliards de mobiles en sont équipés). Le montant est le plus important jamais imposé par Bruxelles, il vient

à la suite, quelques mois plus tôt, d'une première peine de 2,4 milliards d'euros qui portent le total à 6,3 milliards.
Mais l'Union Européenne ne s'arrête pas là. Elle somme le magna du numérique de mettre fin à ces dérives sous peine d'une astreinte de 5% de son chiffre d'affaires quotidien. Autre combat taxer la mainmise du marché de la publicité, ces 95 milliards par an sont trustés à 85% par la pieuvre. Hélas, la réalité est que la régulation se fait sans cesse doubler par l'intrépidité technologique du Diable. L'espérance est ailleurs, il est temps que les marques de smartphones se rebellent à leur tour et rançonnent Google, exigeant de se faire rémunérer pour cet emplacement. Et non l'inverse : Mieux encore qu'elles lancent leurs propres concurrents à Android.
Quelle belle revanche.

Le grand perdant sera Facebook, ce n'est que juste, en juillet il annonce une accélération de ses coûts, les scandales en cascades de ces derniers mois et la pression administrative et médiatique l'oblige à revoir en profondeur la sécurité des données récoltées : et leur contenu si souvent mal géré. 20 000 collaborateurs supplémentaires vont être engagés avant la fin

de l'année après une hausse de 47% depuis un an (soit un total de 30000). Le pire n'est pas l'enjeu, mais la décélération de ses utilisateurs. Elle est stoppée aux US, a chuté d'un million en Europe. La bourse sévit aussitôt : le Mardi 26 Juillet 2018 l'action s'effondre de 19% (une perte de 120 milliards de dollars). Le buzz himself bouleverse sa com. Fini l'arrogance on joue à cœur ouvert. Il convie une quarantaine de journalistes du monde entier au siège pour une journée d'échange. D'échange mais pas de transparence. Encadrés, il est impossible aux invités de communiquer avec d'autres collaborateurs que les communicants. Les éléments de langage sont codifiés : « Notre responsabilité est de protéger vos données et si nous échouons, nous ne méritons pas de vous servir ». Air connu mais aux allures pour une fois plus sincères. Le gourou de Menlo Park (son siège) n'a plus droit à l'erreur. Le New York Magazine le nomme : « Facebook a–t-il besoin d'une constitution. Des droits clairs, un pouvoir établi, des mécanismes de transparence qui s'imposeraient à ses dirigeants ».
Tout est dit.

Les premiers ennemis de l'auteur pourfendeur

sont les objets connectés, pilleurs de notre intimité quotidienne, capteurs de nos pratiques domotiques, épieurs de notre rituel caché, ils interprètent nos gestes, pénètrent chaque seconde de notre existence. Il n'est plus question de personnalisation de l'offre mais de pillage de nos êtres dans le seul but de mercantiliser nos moindres instants. Leur quasi-monopole de la publicité en ligne crée à nos dépens « l'industrie de la vie ».

Aveuglés par les multiples facilités que nous procurent les data, doublé de leur attrait communicatif et proactif, nous ne voyons pas combien s'installe souterrainement cette dépossession de nos décisions, nos actions, nos idées, nos pensées jusqu'à la dépossession de nous-mêmes. Pour Eric Sadin : « cette siliconisation du monde est l'étape ultime du capitalisme ».

L'automatisation du désir, du choix, de la livraison, du paiement, nous conduit à une « non-conscience de l'acte d'achat ». Derrière l'habillage d'une mondialisation heureuse, libertaire et collaborative, les Grands Manitous de Silicon Valley cachent un cynisme sans limite. Éric, comment ne pas l'appeler par son prénom, achève son livre, dont j'ai bu chaque ligne comme un

élixir de vérité, en dénonçant « une criminalité en sweat-shirt ».
Google affiche la coolitude, le temps-libre, les airs de jeux en plein open space, les cafétérias à gogo. Hélas la pression horaire, l'exigence de résultats, la précarité sont plus fortes qu'ailleurs.
Quant à tes conclusions cher Eric, elles sont les mêmes que celles que je n'ai cessé d'énoncer ma vie durant « refuser de voir l'être humain transformé en objet marchand ».
Et d'en appeler à tous les frères de la société civile, (j'ajoute : et des états), seuls capables d'exiger une protection mondiale. « Ce n'est pas la race humaine qui est en danger, mais bien la figure humaine ».
Jan Kova, le premier cofondateur de WhatsApp, quitte à son tour le navire. Cet ancien ingénieur de Yahoo, venu de Kiev au temps de l'ex-URSS, a eu l'idée d'offrir une application chiffrée plus protectrice des données personnelles, on comprend qu'il ait peu apprécié la dérive Zuckerberguienne et cette nouvelle affaire pour Monsieur Z. Lancée par le New York Times, elle l'accuse d'avoir partagé à notre insu avec 60 fabricants de smartphones nos données les plus personnelles.
C'est un journaliste du quotidien qui a mis le

feu aux poudres. Acquéreur d'un BlackBerry, il s'abonne à Facebook pour être aussitôt piraté dans toutes ses conversations avec ses 556 contacts proches. À ce stade, c'est la divulgation des petits secrets entre amis qu'ils soient politiques, sentimentaux, familiaux, professionnels.
Rien n'arrête la concupiscence.

Hélas nous avons notre part de responsabilité dans « ce casse du siècle ». Nous avons participé sans réaction à la mise sous tutelle de nos vies privées. Quelle erreur collective, nul n'a le droit de lever notre voile intime, siège de notre singularité. Des informaticiens ont même inventé une détection de l'orientation sexuelle à partir de simples photos volées. Plus insupportable encore, les chercheurs de Stanford ont créé un programme capable de reconnaître l'homosexualité par une simple inspection du visage.
On est en pleine homophobie !

Où va la morale publique ? Voici que la malignité du net ne se cantonne plus au détroussement de notre moi, mais aussi de notre opinion. Fausses infos et faux technos nous détourne de la vérité. La Fake News est à l'info ce que la corruption

est à la politique, la criminalité à la justice, lagangrène à la démocratie : un cancer sociétal. C'est la chaîne toute entière de la communication de l'info à la pub qui perd sa crédibilité.
En fait, son fonds de commerce.
Il est temps de réagir Salto le fait.
Qui est Salto ? Après Vivendi, il est le deuxième concurrent français qui ose s'attaquer à Netflix, France Télévisions, TF1 et M6 ont réuni leurs catalogues et agrégé leurs contenus en ligne pour créer un front anti-GAFA. 45 millions annuels sont prévus pour faire fonctionner la plateforme qui débutera en 2019. Delphine Ernotte, la boss des chaînes publiques, résume : « L'union fait la force. Une fois n'est pas coutume nous allons mettre nos petites chamailleries quotidiennes de côté ». Et Nicolas de Tavernost précise : « les acteurs locaux se renforceront face aux géants qui enjambent nos frontières avec une facilité déconcertante en raison d'une règlementation défaillante ».
Entrons en résistance !

Mais j'interromps cet hallali anti-GAFA. Ils sont aussi nos insatiables pourvoyeurs de progrès. Dernière découverte de Big D. : la règle d'or pour décrocher un best-seller.

Quatre chercheurs dans le vent, Bureu Yucesoy, Xindi Wang, Juming Huang et Albert Laszlo Barabasi, se sont réunis au centre d'exploration de l'Université de Northeastern de Boston pour mettre en équation les paramètres du succès d'un livre. Hélas, la machine n'a rien inventé qui ne soit de bon sens. Beaucoup de jus de crâne et autant de data pour aboutir à une règle de quatre, la palissade :
Un : La saison. Mieux vaut publier lorsque les lecteurs ont le temps de lire.
Deux : Le genre. Les romans et les biographies se vendent mieux que les essais.
Trois : La notoriété de l'auteur, la couverture du livre.
Quatre : Son lancement.
Leur modèle statistique leur permet de prévoir la future liste des best-sellers mais ne nous dit rien ni sur le sujet à choisir, ni sur la façon de l'écrire.
Dans mon cas, pour cet ouvrage j'ai tout faux.

FUCK THE
FAKENEWS

E

En renversant la dictature de la communication, qui, faute de possibilité technique, n'avait jamais donné la parole au peuple, la révolution digitale instaurera la démocratie participative des réseaux sociaux. Coluche disait « la dictature, c'est ferme ta gueule, la révolution c'est cause toujours ». On va causer à en perdre haleine.
Le plus grand tohubohu de buzz de tous les temps venait de naître, chacun y allant de son mot à dire. Aussitôt tweeté, aussitôt diffusé, aussitôt commenté, aussitôt décrié. Apollon ressuscité a quitté Delphes pour l'ubiquisme planétaire. Dès lors, le bouche à oreille, mué en machine à clic, deviendra le sport le plus regardé au monde doublant les JO et le foot. Permanent et universel,

il joue sans relâche, 24h sur 24, 365 jours par an. On pourrait applaudir. Hélas, la multiplication à l'infini des tweets les banalise. Trop c'est trop et le trop exige, pour séduire, plus de talent, plus de mordant, plus d'affrontements.

La machine à relier les terriens a ouvert les portes de la liberté de parole. Désormais à chacun son buzz. La France aura été la première dans cette grande avancée de la com en équipant 5 millions de foyers de Minitel, ancêtre déjà oublié de l'ordi. Et pourtant, grâce à lui, on pouvait déjà s'informer, dialoguer, réserver, commander, échanger, causer. L'interactivité venait de s'inventer, elle sera au buzz ce que l'avion fut à la voiture, l'atome à l'électricité, la télévision à la radio : la nouvelle dimension.

Hélas, l'esprit glissera vite vers le réalisme des saillies politiques noyées dans un brouhaha médiatique pour s'achever en capharnaüm.

À trop s'autopropulser, le buzz quittera les rives heureuses de la finesse pour celles plus agitées de la méchanceté, ou plus désolantes de la bêtise. Les bourdes, les écarts, les dérapages vont s'entrechoquer. Pire, profitant de cette prolifération numérique, les mauvais instincts se réveilleront.

Le buzz devenu média à part entière se fait bad

buzz. Alliés, le champ libertaire du net et celui sans limite de l'intelligence artificielle peuvent désormais ruiner d'un clic votre réputation commerciale.
Triste exemple : les chercheurs de l'université de Chicago ont commandé à la machine infernale de fausses critiques gastronomiques. Le résultat est terrorisant : « ne perdez pas votre temps et votre argent, c'est le restaurant le plus inepte que j'ai jamais vu, cet endroit est une blague, la serveuse était malpolie et a dit que le responsable allait venir mais ce n'est jamais arrivé. J'aurais aimé pouvoir mettre un zéro pointé ». L'auteur n'est ni une sommité culinaire, ni un client ulcéré, ni un influenceur mal intentionné mais un programme informatique capable d'en débiter des variantes à l'infini. Le but non avoué, les mettre à disposition des hôteliers malhonnêtes leur donnant la possibilité de mieux lyncher leurs concurrents. La mécanique est simple, leur programme puise sa substance perfide dans le site de référence Yelp qui totalise 4 millions de commentaires consommateurs. Le dénigrement numérique devient une arme commerciale, il fabrique de fausses critiques à la chaîne sans pouvoir les stopper. Les modérateurs humains et logiciels de Yelp, Amazon ou autres grands du

net, font la police du bout des doigts, mais comment lutter contre cette lèpre médiatique.

La Fake news ne date pas d'aujourd'hui. L'éditorialiste du Figaro Vincent Tremolet de Villers nous rappelle que, voici 2000 ans, dans son petit manuel de campagne, Quintus Cicéron prônait : « Prends bien soin que se diffuse, concernant tes concurrents, une rumeur infamante de crimes, d'immoralité ou de corruption à accorder à leurs mœurs ».

Les français ont connu avec stupeur les Fakenews et leur pouvoir satanique lors du débat historique qui mit Marine Le Pen hors-jeu de la présidentielle. Une simple phrase ubuesque qui la condamnera à un « empêchement » médiatique. Acculée, voyant le match lui échapper, elle sortit sa botte secrète : « J'espère qu'on n'apprendra pas que vous avez un compte off-shore aux Bahamas ». Stupéfaits, 16 millions de Français découvraient en live le principe de « la fausse nouvelle » : « lancer une information mensongère montée de toute pièce et diffusée sur les réseaux sociaux pour nuire à un candidat » (définition officielle). Lancée quelques heures plus tôt, la grenade dégoupillée avait échappé

aux gardes chiourmes de la cellule numérique d'En Marche. Qu'importe, son candidat ne se laissera pas déstabiliser, il mouchera la mouche tueuse : « Ça c'est de la diffamation. La grande différence entre vous et moi, Madame Le Pen c'est que vous avez des affaires, je n'en ai pas ». Échec et mat ! 8 mois plus tard, le nouveau président annoncera en direct sa loi de transparence. Elle crée la possibilité d'un référé obligeant à retirer la Fake news dans les 24 heures et éventuellement de sanctionner son émetteur. Dans la foulée, les capitales européennes se réveilleront, l'Europe pour une fois sera aux avants postes et sonnera l'alerte sur ces « menaces pour les démocraties occidentales ». L'Otan, de son côté, déboursera un budget d'un million d'euros pour endiguer elle aussi ce nauséabond flots d'insanités.
Mais qu'est-ce qu'un million face aux milliards des GAFA ?
Un emplâtre sur la jambe de bois de la toile.

L'Amérique a connu pire lors de la trompeuse campagne de l'éléphant devenu Président.
126 millions d'électeurs yankee ont subi une double arnaque de Fake news.
La première émise par des escrocs patentés.

Ils se servaient de faux scoop hallucinants ou hilarants (sauf pour Hillary) pour renvoyer l'internaute sur des sites pièges à pub.
La deuxième sera pire : l'émetteur est une officine de propagande soviétique. Une légion de faussaires, lanceurs d'alerte depuis la Macédoine, œuvrera à l'élection de son champion Yankee.
Les fans de Facebook seront abreuvés de messages orientés, émis par 470 comptes trolls, utilisant 400 000 robots, déclenchant 3000 vidéos vues 300 000 fois. Les trois derniers mois de la présidentielle, l'épidémie des fake news aura généré plus d'attention que les interviews et articles du New York Times, du Washington Post, du Huffington Post et de NBC News réunis. La CIA en personne conclura à une déstabilisation volontairement frauduleuse. YouTube ne réagira pas. Mark Zuckerberg se contentera de nier toute responsabilité. Acculé, face à l'ire du monde démocratique, il finira par déclarer onze mois plus tard : « prévenir la propagation de fausses informations est l'une de nos priorités ». Sommé de rendre compte à la justice américaine, il installera un filtre de vérité. Le « fact checking » met les algorithmes au défi de vérifier les faits.
Vaste programme ou impossible chantier ?

Il en faudra bien plus pour endiguer le torrent de vomissures. Sans compter sur la nouvelle salissure numérique en vogue le « Name and shame », elle consiste à nommer sans preuve un « faux » coupable et le couvrir de honte. Les journalistes sont les premières victimes de ces contrefaçons corrosives, elles utilisent le même ton, le même vocabulaire, les mêmes références. Par osmose, chaque nouvelle intox porte atteinte à la crédibilité de tout un métier. Nos grands reporters risquent leurs vies pour assurer la fiabilité de l'info aux quatre coins d'un monde en feu. En la diffusant sans payer, Google et Facebook s'adonnent à une spoliation plus insoutenable encore. L'Europe a proposé dans la « Directive Copyright » d'imposer aux géants du net de s'acquitter des droits d'auteurs dus. La Siliconie a aussitôt organisé une campagne de lobbying dont elle a le secret et réussit à faire rejeter la directive par les députés européens une fois de plus floués.
Pourquoi les directeurs de la publication des journaux, et des magazines sont-ils responsables de leurs contenus et pas les plus grands médias du monde : Google, Facebook et les autres ?
En réaction à la mobilisation des internautes, de la presse et des pouvoirs publics, les mécréants

de la Siliconie jouent les bons samaritains de l'info « nous souhaitons que les informations que vous lisez chez nous viennent de médias sûrs et de grande qualité ». Et d'en appeler à la conscience des internautes en leur demandant de décider eux-mêmes des supports fiables. Je suis désolé, ils oublient seulement de souligner que les premiers médias incriminés, ce sont les leurs, qui ne sont plus moteur de recherche mais moteur d'infamies.

Le contre-pied ne trompera personne, de Davos, Georges Soros s'insurgera : « Facebook et Google sont devenus de puissants monopoles et causent de quantités de problèmes dont nous prenons à peine conscience. Je crains de lourdes conséquences pour la démocratie ». Le mal, comme à l'habitude, est l'argent : en gagner plus en diffusant du faux reste tentant lorsque la morale n'est pas invitée à la source.

Heureusement, le vent tourne, le piège est trop voyant, trop malsain, trop indigne, les voix se lèvent. Roger McNamee l'un des premiers investisseurs de Google a quitté le bateau ivre et se répand en tribunes vengeresses contre les (fausses) mesures prônées par son ex-associé. « Elles reviennent dit-il à vider l'océan avec un verre d'eau ».

Emmanuel Macron les a taclés dès ses premiers vœux à la presse en appelant « à la responsabilisation des plateformes qui ne peuvent continuer de mélanger toutes les catégories d'information ». Elles s'exposent, d'ores et déjà, à 50 millions d'amendes si elles ne retirent pas dans les 24 heures les contenus illicites. Mais le mal est fait, c'est à la source qu'il faut fermer les robinets de Fake news. La sacrosainte loi de la liberté de la presse confond trop liberté et impunité. Notre Président est le premier chef d'état à dire tout haut ce que les autres pensent tout bas : « Les GAFA ne peuvent, seules, décider des règles économiques, là où elles sont devenues dominantes ». Et de proposer la création d'un droit d'auteur pour la presse pillée par les moteurs de recherche, ils captent 80% des investissement digitaux. Marina Gabriel la commissaire à l'économie et à la société numérique annonce que l'Europe réfléchit à un « fact-checking », mais elle ajoute aussitôt : « ne pas vouloir pointer du doigt quelqu'un ».

Désolé, on peut marcher sur des œufs, mais on ne fait pas d'omelette sans en casser, il faut attaquer le mal à la racine. La seule purge possible est une absolue transparence et la séparation des monstres numériques en plusieurs entités. Il était temps, les états se lancent enfin dans la contre-attaque. Nul américain n'a oublié la loi antitrust instaurée aux Etats-Unis par Sharman en 1850, elle aboutit, après bien des luttes, au démantèlement en 1911 de la Standard Oil crée par John Rockefeller.

Pourquoi ne pas l'appliquer au conglomérat d'aujourd'hui. En France, il est interdit à un groupe de posséder plus de 30% d'un marché. Que fait notre autorité de la concurrence ? Il est fou de laisser l'Amérique seule dépositaire de l'avenir numérique du monde. Un mouvement pro-démantèlement se lève aux Etats-Unis, il suffirait qu'il s'internationalise pour que se crée le déclic salvateur.

Christine Lagarde, la patronne du FMI, est consciente mais pas assez virulente : « Cette appropriation des données pose une sérieux problème à la libre-concurrence et l'innovation pour le plus grand nombre ». Elle propose : « de trouver les mécanismes juridiques, budgétaires, fiscaux, structurels pour établir des règles communes ». Bravo !

Mais, tout aussi désolé, je vois aussitôt la culture politique reprendre le dessus, « mais je ne suis

pas sûre que le démantèlement des bases de données soit la meilleure façon d'optimiser la concurrence ». J'ai une vive admiration pour cette reine de la finance mais les reines ont leur paralysante réserve, c'est le poids de leur couronne.
La chine a déjà réagi en créant son propre GAFA, le BATX (BAIDU, Alibaba, Tencent, Xiaomi) dont le super boss est le Parti Communiste Chinois. Nul doute que, très vite, Alibaba rattrapera Amazon. Mais que fait l'Europe, elle a su fédérer ses nations pour construire Airbus et priver Boeing d'une domination planétaire.
À quand un GAFA européen ?

De guerre lasse, Mark Zuckerberg proposera de régler le problème avant la fin 2018. Il s'engagera à séparer le grain de l'ivraie sur sa plateforme. Autant chercher une aiguille dans une meule de fumier.
Big Mark, face à la plongée dévastatrice de son image, réagira en réorganisant son empire napoléonien. Il répartira ses territoires entre ses maréchaux les plus fidèles.
L'ensemble des activités les plus performantes, WhatsApp, Instagram, Messenger sont regroupés dans un pôle par le grognard de la première

heure, Chris Cox. Une seconde armée baptisée « Nouvelle plateforme et infra » revient à Mike Schoepter. La troisième division est le « Central Product Services » et sera pour un autre vétéran Javier Olivan cumulant les postes de général en chef de la publicité et de la sécurité du réseau social. Ian Koum le co-fondateur de WhatsApp, lui, rendra les armes, en désaccord avec la manière dont « certaines pubs sont introduites sur la plateforme ».

Qu'importe le scandale de Cambridge Analytica, qu'importe la convocation devant le Sénat américain, qu'importe la vindicte médiatique universelle, le Facebook Gate n'aura pas lieu. La société a raflé cette seule année écoulée 20 milliards de dollars de revenus publicitaires, en hausse de 43%. Pendant ce temps, la Fake prolifère et ne se limite plus à la politique. Tels les sites de bonne santé venu du Maroc - Trempez-vous les pieds dans du vinaigre et vos maux vont disparaître - , mais aussi de nutrition - Cette boisson va dissoudre vos calculs dans l'heure -.

Le plus moderne des médias en revient à diffuser les bons vieux remèdes de nos bonimenteurs d'antan.

Nostalgie quand tu nous tiens !

Plus grave, la Fake news a-t-elle été l'arme fatale du Brexit ? L'actu en témoigne, l'histoire le dira. Les fauteurs de trouble n'ont pas tardé à réagir, Google, Facebook et consorts ont multiplié les faux semblants, leur spécialité.
Appels à la presse et aux ONG, pour jouer les nettoyeurs, mais refus des réseaux sociaux de faire faire eux-mêmes leur grand nettoyage. « Nous ne sommes pas les arbitres de la vérité c'est le job des médias », s'est défendu une fois de plus Zuckerberg. Peut-on botter plus malignement en touche ? Résultats : les fakes pullulent, les procédures d'expulsions sont trop lentes, les fact-checkers (vérificateurs) trop inadaptés, trop peu nombreux, trop peu motivés.
Tout article contesté doit être déclaré faux par un minimum de 2 organismes, les délais de réaction s'étirent.
Conséquence : trois jours nécessaires, trois jours de diffusion optimale d'une intox devenue info. Une étude de Yale a constaté l'effet marginal de cette fausse lutte biaisée.
Pire, les électeurs de Donald Trump pensent que toute nouvelle désignée fausse est la meilleure preuve qu'elle est juste.
Quant à Monsieur Facebook son arrogance passe les bornes quand il déclare « nos tests ont montré

que les Fake news accompagnées d'articles de contextualisation sont moins partagés que les autres.» La réalité est tout autre, un Fake se propage 5 fois plus vite qu'une news. C'est la vieille règle du penchant naturel : s'intéresser aux trains qui déraillent non à ceux qui arrivent à l'heure.
Le candidat Macron n'a pas attendu d'être président pour déclarer la guerre et empêcher de voter en rond. Ministre en route pour l'Elysée, il avait recruté trois spécialistes du droit de la presse pour faire le ménage des réseaux sociaux et ne laisser rien passer qui puisse lui nuire : rumeur d'homosexualité, compte offshore, propos algériens sur la colonisation, ses adversaires ont fait feu à volonté. Il les a méticuleusement désarmés l'un après l'autre. Aussitôt élu, il lancera une loi applicable durant les périodes électorales. Peine encourue pour toute Fake news 45 000€.

Quant aux télévisions, leur contrôle dépend du CSA dont les pouvoirs de sanction ont aussi été amplifiés. Le regret reste que la loi se limite aux temps d'élection. Faut-il être victime le reste du temps ? Hélas la Fake news est un sport tout temps, tout terrain.

Le faux et son frère jumeau, la rumeur, ces deux tueurs à gage, ont la peau dure. Bill Clinton le reconnaît lui-même : « Il est presque impossible de préserver une démocratie quand vous avez des gens qui ne savent plus si ce qu'ils entendent est vrai ou faux ». Le vieux monde Hollywoodien à son tour vacille et se mobilise. Depuis toujours, l'Entertainment était dans les mains des géants Disney, Comcast (MBCO, Universal, Dreamworks) Time Warner, 21th Century Fox. Ils trustaient les plus importantes franchises du divertissement de Star War à Avatar, Game of Thrones ou le Seigneur des Anneaux. Stupeur ! Face à eux, ils voient se dresser les Terminators numériques du nouveau monde qui multiplient la création de contenu et leur distribution directe. L'industrie des médias de la pub et des télécoms est tourneboulée. Facebook affiche 2 milliards d'utilisateurs, Apple 270 milliards de $ de cash. Seuls de gigantesques regroupements des géants du passé, devenus les nains d'aujourd'hui, leur permettront de survivre. AT&T et Time Warner cherchent à fusionner pour capitaliser 140 millions d'abonnés, une paille face à Google. D'autant que Donald Trump, pour se venger de son ennemi juré, CNN, presse le département américain de la justice de les bloquer. La lutte

est par trop inégale. L'appétit de ces nouveaux prédateurs est gargantuesque. Ils pillent les talents de leurs concurrents Shonda Rhimes, la productrice de Grey's Anatomy a quitté Disney pour Netflix. Apple a débauché à prix d'or Zack Van Amburg et Jamie Erlicht, les créateurs (chez Sony) de Breaking Bad. Quant à Bob Igor, le président de Disney, il constate : « l'évolution trop rapide de la technologie qui a transformé ce qui était un concours de gentleman en une course sans scrupule de l'armement lourd ».
Bruxelles, à son tour, s'en est pris à la GAFA power et leur réclame 13 milliards de taxes dues à l'Irlande. C'est la moindre des civilités, mais le combat principal n'est pas de régler le fric mais le fric frac humain. Comment admettre qu'Apple se soit arrogé le droit de ne pas aider le FBI à pirater l'iPhone d'un terroriste avéré.
Et nul n'a sévit.
Facebook et Google se liguent contre un projet de loi protégeant l'« intimacy » des internautes.
Et nul n'a réagi.
Amazon a racheté Whole Food, la chaîne de magasins bio. Le poulpe planétaire de la distribution étend son pouvoir.
Et nul n'a rugi.
Comment s'en étonner, le Dieu Data fait des

miracles, à commencer par la relance de l'économie mondiale dont il est le moteur à réaction. Générateur de valeur et de compétitivité, il est, pour toute entreprise sachant transformer données en information, le sauveur de notre désindustrialisation galopante, cette lèpre du PIB.

Et nul n'a bondi.

En contrepartie, le guérisseur miracle de nombre de nos maux médicaux, sociaux, sociétaux est le diable détroussant nos intimités, asservissant notre quotidien, dévoyant l'information, faussant les élections. Cette dualité n'a pas fini de diviser l'opinion, nous allons vivre une pernicieuse ambiguïté dans l'entrechoc quotidien des pour et des contre, la seule solution est : « Ensemble ».

C'est à chacun de nous de savoir assurer notre propre protection. D'abord cesser de nous soumettre aux multiples questionnaires des vampires du net. Puis de nous méfier de nos confidences sur le net, elles sont de ce fait publiques mais surtout d'oser changer de moteur de recherche. Il n'y a pas que Google dans la vie. La France dispose de son propre moteur. Crée par Jean-Manuel Rozan en 2011, il respecte votre vie privée tout en facilitant la découverte et le partage grâce à son approche sociale. Son nom : Qwant.

Pouvoirs publics et devoirs privés, médias et politiques, citoyens et terriens, il nous appartient de réguler le monstre pour en faire le bienfaiteur de l'humanité. Si nous ne savons pas orienter notre futur, ce n'est plus une planète des hommes que nous lèguerons à nos enfants mais la planète des singes déguisés en robots.
Et nul ne frémit.
Les démiurges du net ont chamboulé la vie de milliards de terriens. En moins d'une décennie, ils ont bâti un monde de l'échange de données, du partage des biens, de l'information en temps T, de l'alter-consommation. Et la promesse de changer d'intelligence pour décupler notre puissance jusqu'à (on se pince !) l'espoir fou d'immortalité. Ce gang légal n'en reste pas moins le repaire de profits sans fin, amassés sur les cendres de pans entiers de notre économie traditionnelle. Au-dessus de tout soupçon, en toute impunité, en parfaite amoralité, il devient le premier contre-pouvoir planétaire non taxé, non régulé, non réglementé, non entravé.
Une énième fois, la contre-attaque de Mark Zuckerberg se contentera de claironner :
« Protéger notre communauté est plus important que maximiser nos profits », mais toujours pas de plan de sauvegarde crédible. Le faux, il aime,

il accélère la diffusion de messages salés ou salaces, à transmissibilité trop facile, et génère de l'audience, cette monnaie or du XXe.
Et nul ne punit.
Big Mark ira jusqu'à faire acte de contrition devant le Parlement de Bruxelles, à la demande expressedes députés européens. Ce ne sera pas le remake attendu du grand oral de quatre heures face au Sénat américain. Le show se limitera à soixante minutes de questions, les plus gênantes restant sans réponses. Et, avant tout, celle de sa domination du marché publicitaire. L'accusé déclarera n'en capter que 6%, la réalité est toute autre : c'est 18% et 100% de la croissance numérique. Avec son brin de superbe, il laissera les députés européens sur leur faim. Trois jours plus tard, il sera, à Paris, la star du salon Vivatech.
Et nul n'a agi.
Les GAFA, soudain saisi d'un élan moral commun, décident d'interdire l'accès à leur plateforme à « Infowars média en ligne et à succès, fondé par Alex Jones (2,4 millions d'abonnés). Son credo : hurler à la liberté d'expression oubliant de préciser qu'il est le premier auteur de Fake News ayant osé lancer, à la suite du septembre noir new-yorkais, la rumeur d'une machination américaine. Peut-il exister pire Fake News ?

Il persistera en fustigeant les parents des écoliers tués à Sandy Hook et les survivants du lycée Parkland d'être eux aussi acteurs d'un complot contre le droit de posséder des armes.
Mais tout arrive, à la veille des élections du mid-term américain, Facebook déclare avoir mis fin aux campagnes de manipulation politique venues d'Iran et de Russie. L'opération net propre est lancée enfin. 650 pages coupables ont pris la direction poubelle.
Le Sénat, qui n'a guère apprécié le simulacre d'aveu de M. Z., veille. Le pire du système est le ciblage des messages publicitaires selon de honteux filtres raciaux, religieux ou politiques (les annonceurs peuvent exclure de leur cible noirs, hispaniques ou homosexuels). FB lance un vœu pieux de plus : « nous nous engageons à protéger les personnes contre la publicité discriminatoire ». Pour une fois, on peut croire à une purification possible. Tout nouveau délit pourrait déboucher sur une poursuite fédérale. L'Union Européenne a fait son boulot en dictant un règlement général sur la protection des données (RGPD). Il instaure un cadre plus strict et plus moral, plus contraignant aux entreprises dans la collecte, la conservation, le traitement et la sécurisation des données. En cas de manquement, la main

est lourde, 4% du chiffre d'affaires mondial du contrevenant (1,5 milliards). Luc Ferry n'y croit guère : « tant que nous n'avons pas de GAFA européen, mettre des barrières ne sert à rien d'autre qu'à nous pénaliser nous-mêmes en faisant plaisir à une poignée de moralistes indifférents au réel ».

Et voici que les titans du numérique, de concert, commencent à se rebeller. Netflix et ses 130 millions d'abonnés refusent de payer la gamelle d'Apple et de Google. Dans 39 pays dont la France, les nouveaux entrants s'inscrivant hier par le canal des GAFA vont automatiquement court-circuiter leur inscription pour la finaliser sur le site mobile de Netflix. Ils évitent ainsi les 30% de commission ponctionnées par les questeurs du net. Les nouveaux partenaires du géant du cinéma en ligne sont désormais les fournisseurs d'accès au net ou directement aux fabriquants de téléviseurs.Le circuit est évidemment moins coûteux pour tout le monde. À l'opposé, le New York Magazine a salué le courage de l'Europe : « la nouvelle loi de l'UE pourrait handicaper Internet et le rendre meilleur ». 500 millions de citoyens européens vont en bénéficier à la condition que les GAFA jouent le jeu. Zuck a promis de l'appliquer. Wait and See.

ALLO MAMAN ROBOTS

L

Le robot intelligent existe, je l'ai rencontré, c'est le robot collaboratif, il mémorise en 3D son lieu de travail. Ses capteurs décèlent toute présence humaine, il l'analyse et se déplace en veillant à la sécurité des ouvriers. Il s'arrête à leur approche s'ils portent une charge, les laisse passer s'ils traversent et poursuit son chemin. Cette nouvelle race d'assistant numérique commence de peupler nos usines en déchargeant l'homme des tâches trop répétitives ou trop lourdes.
À son habitude, la France traîne des pieds, elle compte six fois moins de robots que l'Allemagne qui est six fois plus productive que nous.
Cherchez l'erreur !

Nos PME découvrent avec bonheur cette nouvelle merveille plus facile à intégrer, plus simple à configurer, moins chère (10 000 €, leurs concurrents valent entre 20 000 et 60 000 €). Ces ouvriers mécaniques ont désormais un nom de famille, « les cobots ». Pour l'heure, ils sont 400 par an à être « embauchés » soit 10% du parc national des robots, mais ils démontrent que leur arrivée dans une usine fait aussitôt gagner des parts de marché. Bingo ! Hélas, dans cette nouvelle ère qui s'ouvre, il y a les robots good guys et bad guys. à nous d'aimer les uns et se méfier des autres.

Masayoshi Son est japonais, tendre et visionnaire. Conférencier first class, il est l'hôte des think tank les plus hot de la planète et commence inévitablement ses speeches par : « je suis meilleur pour prédire comment sera le monde dans trente ans que dans trois. ».
Fils Nippon d'émigrés coréens, il subit le rejet discriminatoire de ses origines. Son père, face à ce mal être, l'envoie, dès ses 16 ans, en Californie à la Sacramento High School dont il sort diplômé… quelques semaines plus tard.
Il poursuivra ses études à Berkeley en élève peu assidu mais survolté. Homme d'affaires en herbe,

il développe, dès ses 19 ans, avec l'un de ses profs, Forest Mozer, un traducteur vocal multilingue qu'il vendra quelques années plus tard à Sharp 1,3 million de dollar. À 22 ans, il rentre au pays et crée sa propre entreprise (Soft Bank), elle deviendra très vite un opérateur de télécommunication de poids. En parallèle, il est le boss mirifique de Yahoo au Japon et vient de fêter ses 60 ans et son titre d'homme le plus riche du pays (14 milliards de $ selon Forbes). Seul faux pas dans cette trajectoire supersonique, il est l'ami de Donald Trump : Nobody is perfect ! Optimiste à tout crin, imaginatif sans fin, il nous prédit « l'homme augmenté », avant 30 ans, doté d'une supra intelligence informatique. Il qualifie son big bang humain de « Singularité », le changement de paradigme qui sauvera la terre. Pour mener à bien son utopie, il vient de racheter 35 milliards de dollars, l'entreprise britannique ARM, conceptrice des micro processeurs de nos smartphones. Son projet : les connecter demain directement à notre cerveau. Finalité, ne plus vivre le monde à la « Star Wars » ou la « Matrix » mais à la « Tout le monde il est beau, tout le monde il est gentil tout le monde il est numérique ».
Bonjour les dégâts !

Chacun de nous, devenu puce savante, inventera l'Eden retrouvé. Exemple, entre mille, de ce nouveau pouvoir : la fin des accidents routiers. Karl Marx du digital, Masoyoshi rêve d'adapter ce méga potentiel des semi-conducteurs, qu'il découvrit à Berkeley en plein dépucelage électronique, à l'intelligence artificielle pour tous. Le premier, dans son pays, à investir dans Yahoo et Alibaba, il vient de créer un nouveau fonds à 100 milliards de dollars, le plus important de l'histoire jamais dédié aux technologies nouvelles. La somme est supérieure à l'ensemble des investissements pour l'année des business Angels de la Silicon Valley. Premiers partants pour 45 millions : l'Arabie Saoudite, Apple, Sharp.

Objectif : créer des robots, plus intelligents que l'homme. D'aucuns lui prédisent une faillite annoncée. Monsieur Son ne s'en offusque pas, il a déjà connu ça, l'implosion de la bulle internet de l'an 2000 l'a ruinée, 17 ans plus tard Soft Brand cote 80 milliards de $. De son bureau, où il tient ses réunions, en faisant son jogging sur son tapis roulant, il continue sa course à l'infini de l'Homme. Hélas, la seule question qu'il ne se pose pas est : ces robots penseurs auront-ils une âme ?

Et voici l'Homme qui a volé à la NASA son incarnation de la conquête spatiale. Marchand de rêves pour les sceptiques d'hier, marchand d'espoir pour les fans d'aujourd'hui, il ose envoyer sur une musique de David Bowie un cabriolet rouge vers Mars au nez et à la barbe des militaires de Cap Canaveral : Good Shot !
« J'adore l'idée d'une voiture dérivant quasiment à l'infini dans l'espace et qui sera peut-être découverte par une race extraterrestre » conclura Elon Musk.
Son ambition du moment : prouver que les projets stratosphériques ne pouvaient pas rester le domaine réservé de l'Etat, le privé a son rôle à jouer. À cœur vaillant rien d'impossible avec 18 Milliards. Avec SpaceX, Elon devient le numéro 2 du spatial, devant Ariane Espace.
Ce Steve Jobs de l'industrie est aussi génial et caractériel que son aîné. Il débarque en 2005 au congrès spatial de Hanoi, jean troué, tee-shirt délavé et sac en plastique de Wal-Mart en guise de vanity case et conquiert son auditoire dès sa première phrase : « Salut je suis le patron de SpaceX. J'arrive vous êtes tous morts ».

En une décennie, le provoc en culotte courte est devenue le techno-messie de l'extraterrestre et,

question communication, laisse sur place les pontes et pontifes des GAFA.
Face à lui, Larry Page et Sergey Brin, les deux Googlistes, Jeff Bezons, l'Amazonien, Tim Cook, l'Apple Boy et Mark Zuckerberg, le bébé Cadum de Facebook, jouent à la guéguerre médiatique terrestre. Lui, chante en soliste au milieu des étoiles. Il jure coloniser Mars d'ici à 2025. Il est temps, bientôt la planète ne pourra plus nourrir une population galopante et l'intelligence humaine se verra dominée par l'intelligence artificielle. L'envolée pour Mars ou le despotisme des robots, il faudra choisir. Pour ma part je reste sur terre.
Contrairement à ses frères d'armes du numérique, il pense autrement, ne parle pas produits et coûts. Il reste basique : oui à la voiture électrique mais pourquoi la condamner à être moche, chère et à autonomie limitée ? On peut être électrique et esthétique, durable et abordable. Pourquoi mettre à la casse une fusée de retour sur terre alors qu'on peut la réparer ? Pourquoi confier notre avenir au pétrole, un jour il n'y en aura plus ? Pourquoi limiter la vitesse des trains quand il suffit de les concevoir à sustentation magnétique ? Et Musk dessine l'hyperloop. Installé dans une capsule sur rail dans un gros

tube, vous voyagerez à 1000 km à l'heure en toute sécurité.
Débordé, l'inventeur prolifique mettra ses plans sur internet à la disposition de qui veut prendre le relais. Richard Branson dira banco, les premiers essais démarrent en France.
Libéré, ce cher Elon appliquera au spatial les méthodes de start-up, personne ne l'avait imaginé possible avant lui. Il prépare le lancement d'une fusée vers Mars baptisée « Big Fucking Rocket » capable de faire la navette entre l'espace et la terre, mais aussi de faire du transport de passagers entre les mégalopoles terrestres. L'idée : passer par l'espace pour gagner du temps et mettre Paris à une heure de Tokyo.
Pourquoi ne pas y croire ?

Notre Christophe Colomb du XXIe siècle est la 21ème fortune du monde capitalisant 21 Milliards. Depuis son enfance en Afrique du Sud natale, il a couru le monde, crée puis revendu Google Maps et Paypal, pour créer Tesla, la Rolls-Royce électrique à la portée de tous. Sans oublier de se marier et faire 5 enfants : des triplés et des jumeaux, rien n'est « as usual » pour Elon Musk. Génie, il n'en reste pas moins homme, il a abandonné son épouse pour se mettre en couple avec l'ex de Johnny Depp et la quitter pour une autre conquête. Le progrès ne nous protège pas des vieilles habitudes, les inventeurs demiurges eux-mêmes ne sont pas à l'abri des contingences terrestres.

Rattrapé par sa folie des grandeurs, Elon «Must» vit une mauvaise passe, celle du retard à la livraison de ses Tesla. Ses robots traînent des pieds. Une défaillance que la bourse ne lui pardonnera pas. Si Wall Street savait patienter ça se saurait ! Le titre a perdu 25% en un seul mois. Quant aux riches concurrents, Porsche, Jaguar, Audi, ils préparent l'arrivée de leur bolide électrique. Très vite, Tesla ne sera plus seul en piste, si tant est qu'il y soit encore. Le groupe doit rembourser 230 millions de $ cette année, 920 la prochaine. Son avenir se jouera peut-être là.

Avoir la tête dans les nuages de mars n'exclut pas d'avoir les pieds sur terre. Ultime pied de nez du milliardaire iconoclaste à ses actionnaires, il leur a proposé de fixer pour les dix prochaines années ses honoraires à 0 dollar... tout en s'octroyant 50 milliards de dollars de stock-options, si la capitalisation de Tesla dépasse les 600.

C'est bien connu l'argent va à l'argent...

Le jour de Pâques 2018, Elon lance un pavé dans la mare aux cancans, on le voit, sur Facebook, étendu par terre, en état apparent de coma éthylique, résumant la scène d'un mot fatal : « Bankrupt ! ». Un teaser burlesque a précédé l'explication de texte : « Nous sommes tristes de vous annoncer que Tesla est en faillite complète et totale. Plus en faillite que ça tu meurs ».
Signé : Poisson d'Avril.
Les actionnaires ont apprécié.
Trois mois plus tôt, John Thompson fauteur de trouble patenté, de Wall Street avait lâché aux traders un os à ronger : « Tesla va s'écrouler dans les 6 mois à venir, la société est sans aucun doute au bord de la faillite. Tesla vaut deux fois plus que Ford, mais Ford a fabriqué 6 millions de voitures l'an dernier et gagne 7,6 milliards de dollars. Tesla a produit 100 000 voitures et perdu 2 milliards ». Bloomberg se lancera à son tour dans la curée : « Elon brûle 8000 dollars par minute (4 milliards l'an) ». Dernière annonce crépusculaire, les 450 000 américains qui ont versé 1000 dollars pour précommander le Model 3 viennent d'être prévenus qu'ils seront livrés dans un ou deux ans. La voiture n'en reste pas moins la DS Citroën du moment qui avait ébloui nos sixties.

Dieu veuille que la Tesla illumine notre présent avant que la voiture qui se conduit toute seule ne nous prive d'un de nos petits bonheurs : la conduite.
Pour 35.000€, vous avez 400 km d'autonomie, un temps de recharge de 30 minutes, une conduite quasi autonome. Aujourd'hui aucun autre constructeur ne peut rivaliser. Un malheur n'arrivant jamais seul, un ingénieur d'Apple sur une autoroute californienne n'a pas pu réagir dans les temps à l'alerte de l'autopilote et s'est écrasé sur la glissière de béton. C'est le troisième mort impliquant Tesla après ceux de Floride et des Pays-Bas. Bref les constructeurs du monde entier s'interrogent. En réponse, Elon leur lancera « Je retourne dormir à l'usine. Le business de l'automobile c'est l'enfer ».
Certes mais le diable c'est lui.

À chaque publication de résultats, Elon joue désormais sa peau, 1er Août 2018, il annonce pour Tesla une perte de 717 millions de dollars, le double de celle de 2017 mais réussit à rassurer son monde en annonçant avoir tenu le pari des cadences de production (5031 véhicules produits pendant la dernière semaine de juin). Son passage de l'artisanat de voiture « happy few »

à la production à la chaîne invente l'automatisation totale de la fabrication, ses concurrents s'appuyant sur une sous-traitance mondiale. Et si c'était l'avenir de l'industrie automobile. Première étape une usine chinoise en 2020 d'une capacité de 500 000 voitures par an. Suivie d'une sœur jumelle en Allemagne. Elon clame sa fierté aussitôt : « Je pense que nous sommes devenus un vrai constructeur ».
Prêchant pour la « totale robotisation » de ses usines « ce sera la machine qui fabrique la machine ». Nouvelle pirouette, Mr Must mi-août d'un tweet à la Trump se déclare prêt à retirer de Wall Street le titre de Tesla dès qu'il aura atteint 420 dollars (20% de plus que le cours précédent). La gentry new-yorkaise crie aussitôt « au fou » accusant l'enfant terrible de vouloir doper son cours de bourse. L'autorité boursière américaine, plus Whasp tu meurs, lance une enquête de la Security Exchange. Elon se lance à son tour dans une campagne rageuse et annonce un financement « sécurisé » par le fonds saoudien (récemment acquéreur de 5% des actions) décidé à renchérir tandis que le PDG milliardaire entre en discussions avec d'autres investisseurs : « Je souhaite pour Tesla un actionnariat assez large ». Monsieur Musk tiendra-t-il sa parole de la dernière

chance : Il avoue travailler 110 à 120 heures par semaine et ne plus pouvoir dormir qu'avec des somnifères. À ce régime on comprend mieux ses sorties de route.
En Tesla !

À la dérive Elon finira par capituler, reconnaissant que ses actionnaires estiment « qu'il est préférable que nous restions une société cotée ». Le chassé-croisé aura coûté
3 milliards à Tesla et 650 millions à M. Musk dont le fauteuil de PDG est désormais branlant. « Tesla a besoin d'une direction plus forte et expérimentée pour minimiser les sujets de distraction » renchérira l'un des analystes financiers les plus redoutés. Ça chauffe !

Le patron n'est guère plus recommandable que le mari. Son assistante des premiers jours et factotum de son quotidien lui demande une augmentation après 12 ans de dévouement. Elon lui répond sans vergogne : « Prends donc plutôt 15 jours de vacances ». À son retour il la reçoit sourire aux lèvres : « J'ai très bien pu me passer de toi pendant deux semaines pourquoi ne pas continuer. Tu peux quitter l'entreprise. Le chèque suivra ». Nobody is perfect.

Ainsi tout n'est pas féerique dans le monde cruel des robots. Selon l'étude du Mc Kinsey Global Institute, l'automatisation tuera 375 millions d'emplois d'ici 2030, bien plus qu'attendus car elle englobe la nécessité d'une nouvelle main d'œuvre, se débarrassant de l'ancienne. Tout robot nécessite la supervision de son hardware, la création de son software et ses algorithmes. 60% des anciens métiers deviendraient des victimes potentielles. La mise à niveau prendra du temps et de l'argent. Ce chiffre avancé de 375 millions d'exclusions du monde du travail est stupéfiant, 14% de la main d'œuvre mondiale.

Tous les secteurs seraient touchés. La réorganisation préventive du travail sera le casse-tête politique des quinquennats à venir. 50% des métiers qui prévaudront dans 10 ans n'existent pas aujourd'hui. À l'abri les managers, les professions médicales, l'enseignement et, plus encore, les jardiniers et les plombiers, dernier rempart face à l'androïsation de la planète.

Espérons en l'imprécision des prévisions, la statistique est l'art de faire mentir les chiffres. Plus réalistes, plusieurs spécialistes annoncent « une perte moindre : 75 millions d'emplois ». Mais, comment ose-t-on dire moindre ?

Qui ne connait pas Ugg, l'inventeur des boots fourrés et des mocassins chicos. C'est notre agence de la côte ouest américaine qui est en charge de son image. Son dernier spot est une fable robotique. Un sexagénaire grisonnant et fier de l'être, bien dans sa peau, bien dans ses boots, se love dans un fauteuil Charles Eams. C'est Jeff Bridges, le génial acteur de Big Lebowski. Le salon est hype, feu de bois, moquette de laine, meuble de cuir mais ambiance de plomb. L'homme est seul. Soudain, un tourbillon de drones domestiques à pinces volettent autour de lui. Le premier tourne les pages de son New York Times, le second lui sert un jus bio, le troisième le repeigne. Le slogan de la marque ponctue la scène et donne la chute de la fable : « Do nothing ». Ne rien faire… Sauf mourir d'ennui et de solitude.
Qui veut d'une vie métro, boulot, robot ?

Steve Mnuchin, le Secrétaire d'Etat au Trésor est plus optimiste : « la révolution des robots et de l'IA n'arrivera pas avant cent ans. Pour moi, la destruction des emplois américains par l'explosion de l'intelligence artificielle n'est pas dans mon radar ». L'économiste Nicolas Bouzou démontre à son tour que l'emploi ne peut pas mourir. Luc Ferry, le petit prince de la philosophie, confirme.

À contrario, Goldman Sachs annonce que la voiture sans pilote détruira 100 000 jobs par an dès 2022. La vérité sera vraisemblablement à mi-chemin des deux. Mais quelle épée de Damoclès suspendue au-dessus de nos sociétés. Ce sont nos modèles économiques, sociaux et sociétaux qui sont en cause. La tête dans les clouds et les pieds bien sur terre, Elon, le colonisateur de Mars, n'hésite pas à signer avec 116 experts de l'intelligence artificielle une lettre ouverte à l'ONU pour mettre en garde le monde contre les robots. Ils professent la nécessité de protéger les hommes aux dépens des machines : « Le monde du travail n'est pas un cimetière ».
Le think tank de Dell nous prédit que 85% des tâches qui nous feront vivre en 2030, n'existent pas encore aujourd'hui et qu'il y en aura pour tous les goûts et toutes les compétences. Elon Musk s'inscrit en faux « seule une poignée de job seront laissés à l'homme ». Dès lors, l'être humain devra trouver un autre moyen de s'occuper.
Bonjour tristesse !

Goethe ne prophétisait-il pas : « si les singes savaient s'ennuyer ils pourraient devenir des hommes ». Sommes-nous voués à une sinistre planète humano-simiesque ?
On frémit.

Je préfère m'en remettre à Barak Obama qui débuta sa conférence parisienne par : « il faut préférer l'espoir à la peur ». L'espoir est la denrée rare la moins chère du monde. Je ne cesse de la cultiver, elle a toujours été mon sérum de longévité.
Notre siècle passé a vécu l'enfer de deux totalitarismes, le nazisme et le communisme, notre siècle nouveau s'apprête à vivre le double totalitarisme de l'islamisme et du dataïsme. Telle est la thèse de Chantal Delsol, professeur de philosophie politique à l'université Paris Est. Je n'aurais jamais osé aller aussi loin dans ma mise en garde contre l'intrusion de la data.
La socio-philosophe est plus cash : « ces calamités ne tombent pas du ciel, c'est nous qui les distillons dans les chaudrons de nos sorcières numériques ». Pour elle, le dataïsme se définit comme la conceptualisation idéologique du matérialisme ambiant.
La faute à notre Occident, il se désengage de

toute religion laissant le matérialisme de nos sociétés, déstructurer, pas à pas, le monde de l'Avant, sans réfléchir suffisamment aux conséquences pour celui de l'Après. Et Chantal précise que « l'homme du futur ne se définira plus en agrégat d'atomes et de gènes, mais en un composé d'algorithmes ».

Le dataïsme prône que l'accumulation de nos données finit par nous connaître mieux que nous nous connaissons nous-mêmes. Dès lors, notre autorité, nos pratiques humaines, nos sentiments et jusqu'à nos votes deviennent obsolètes face à ce techno-déterminisme.

Un français sur deux se déclare prêt à cohabiter avec les robots, domestique ou de shopping, vous suivant humblement en portant vos courses. Mais la condescendance s'arrête là. Seul 8% accepte de partager leur bureau avec eux et mieux encore (6%) leur voiture. Avis à Mesdames et Messieurs les robots (mais au fait ont-ils un sexe ?) vous êtes bons pour le ménage ou la vaisselle mais inapte pour le reste. La cohabitation promet. Dieu nous protège à moins qu'il ne soit lui aussi algorithme. La conclusion de la philosophe glace d'effroi. « Le dataïsme est une idéologie de transformation radicale de l'humanité qui s'inscrit dans la continuité du marxisme ».

Mon idéologie personnelle est plus prosaïque, je propose de changer d'avenir mais pas d'âme. Thomas Edison le fondateur de General Electric le disait à sa manière plus radicale : « l'intelligence artificielle n'est rien comparée à la stupidité naturelle ». Et d'oser dire : « le génie c'est 1% d'inspiration, 99 % de transpiration ». (C'est bien lui l'inventeur de ce slogan si galvaudé).
Je ne crains pas que l'IA mette au chômage notre IH (intelligence humaine). Je me réjouis de tout ce qu'elle va apporter de positif dans le monde, mais sur le plan créatif ne changeons pas une intelligence qui gagne. Les machines ni ne transpirent ni ne sont inspirées.

La filiale japonaise de Mc Cann a embauché voici 29 ans son premier directeur de création robot. On attend toujours son 1er Lion au Festival de Cannes. Sony a demandé à l'IA de lui écrire des chansons pour ses artistes, on attend toujours le tube. Dans le même temps, le magazine Eye EM s'enorgueillit d'avoir confié à un algorithme le soin de détecter les nouveaux talents de la photo. C'est un succès mais où est la créativité ?
Je ne veux être ni dupe ni cynique, l'IA est un formidable accélérateur d'imagination industrielle

et technologique. Elle vient, entre les 1001 inventions quotidiennes, de réinventer le châssis automobile qui nous permettra demain de piloter à l'horizontale. Quel progrès ! Pour vivre heureux conduisons couché, j'adhère.
Google en traquant vos données personnelles dans son application « coded couture » vous propose la tenue vestimentaire le plus adapté à vos activités. L'habit fait le moine, j'adhère.
Mais, a contrario, l'IA pourra demain déclencher la 3e guerre mondiale, celles des robots tueurs.
A ce jour, aucune réglementation internationale n'interdit leur usage. Le regretté Stephen Hawking parlait d'une troisième révolution dans les techniques de la guerre, après la poudre à canon et l'arme nucléaire.
Je désadhère.

Le désir de préserver l'homme risque de nous conduire à confier notre protection aux machines. En matière militaire, la réponse est glaçante, l'IA se fait fort d'inventer la machine apte au permis de tuer sans en référer à personne. Au vu et su des dégâts collatéraux causés en Syrie et ailleurs par les drones pilotés par les hommes, on s'effraie de savoir qu'un jour, ce sont les drones eux- mêmes qui décideront de leurs missions mortelles.

Les précurseurs de la robotique militaires ont, dès 2015, alerté nos gouvernants mondiaux. Que pensez-vous qu'il arriva : un coupable silence planétaire. Un deuxième appel à l'ONU a été lancé en aout 2017.
Même silence de mort annoncé.

Les guerriers des jeux vidéo n'ont pas droit de cité dans les jeux de la vie. Le risque de fin du monde court toujours, à la portée du premier dictateur fou ou terroriste malade qui s'emparerai de cette nouvelle bombe H. Je laisse à Elon Musk le dernier mot : « Je n'arrête pas de tirer la sonnette d'alarme, mais tant que les gens ne verront pas les robots descendre dans la rue pour tuer tout le monde, ils ne sauront pas comment réagir ».
L'US Army a dégainé la première, avant Pékin, avant Moscou, elle fourbie ses armes autonomes. Pour elle, il n'y a aucun doute, la guerre des robots aura lieu. La mobilisation générale à l'armement rappelle le projet Manhattan qui déboucha sur la bombe d'Hiroshima. Le lieutenant général Sean Mac Farland, vétéran de l'Irak, prédit le futur déferlement, des premiers porteurs d'armes à déclencheurs automatisés.
Le tabou de l'arme décidant elle-même de son

tir en est-il toujours un ? Le docteur Folamour ayant repris du service, tout est possible.
Le premier drone tueur qui nous débarrassa de Mohamed Atef, le lieutenant de Ben Laden, est entré dans l'histoire en novembre 2001. Moins de 20 ans plus tard, nous en sommes à la robotisation générale.
Alerte, tous aux abris.

L'Irak et l'Afghanistan ont été les terrains d'expérience des premiers démineurs téléguidés, les packs bots ou des petits monstres à chenillettes bardés de capteurs, de mitraillettes, de lance-grenades. Et plus si affinités. Le proche avenir verra apparaître les LAW (Lethal Autonomous Weapons), des tireurs d'acier opérant à 360° sur terre, mer ou air, ils ne connaîtront ni la peur, ni la douleur, ni la honte, ni la désobéissance, ni le cimetière militaire, ni le deuil des familles. Une guerre sans guerriers, une guerre sans conscience, une guerre sans limite, si ce n'est la conquête finale du monde pour celui qui investira le plus. Le dollar, en décidera donc, le Pentagone y consacre 20 milliards annuels à Los Alamos dans le désert du Mexique, hier terre des westerners magnifiques, aujourd'hui des robots maléfiques.

Le défi du département de la défense est sans ambiguïté : « Créer et prévenir une surprise stratégique ».
Quant au père du drone, ce serial killer sans aucune aide humaine, il existe déjà, c'est l'avion furtif sans pilote X47B. Le général de l'US Airforce, Paul Selade, a déclaré, sans être démenti, que les US étaient à une décennie de la technologie du robot militaire pleinement autonome. Chine et Russie sont sur la brèche avec moins de scrupules encore que la démocratie américaine. On tremble pour ses enfants et les enfants de ses enfants. Les voix de la morale s'élèvent. Jérôme Monceaux, fondateur en 2005 d'Aldebaran Robotics, devenu après son rachat Surf Bank Robotics, s'insurge : « la mise en place de cette technologie rendrait la guerre complétement irresponsable, on ne pourrait plus remonter la chaîne de responsabilité de la décision de tirer sur une personne. Sans parler de tous les dysfonctionnements ou détournements qui ne manqueront pas de se produire ».

Qu'il était bon le temps du love and peace. Comment imaginer l'homo numéris assez fou pour ne pas se prémunir d'une troisième et définitive guerre mondiale ou les robots tueurs, livrés à eux- mêmes, anéantiraient la planète. Nos gouvernements mondiaux ont, depuis Hiroshima, su nous préserver quels que soient les appétits guerriers et suicidaires de dictateurs en rut. Même Trump s'y emploie. C'est la mission de survie de notre planète qui revient à nos démocraties.

À nous leurs citoyens du monde de les défendre pour mieux être défendus.

IA : MIRACLE OU MIRAGE

L

La nouvelle république du digital n'a qu'un mot en tête : l'intelligence artificielle.
Définition prosaïque : science dont le but est de faire faire par une machine des tâches que l'homme accomplit en utilisant son intelligence, avec la faculté de produire de façon courante et simple des solutions inattendues et des idées nouvelles.
Définition économique : celle du milliardaire de l'intelligence artificielle Kai Fu Lee qui est aussi le bréviaire de sa réussite : « plus vous avez de data, mieux votre produit se porte. Mieux il se porte, plus, il collecte de data. Plus vous collectez de data, plus vous attirez les talents. Plus vous collectez de talents, plus votre produit

se vend ». CQFD
Définition numérique : Panacée universelle, guérisseuse de tous nos maux et jusqu'à nous prédire l'immortalité.
On peut en rêver mais elle ne l'a pas encore fait.
Qu'importe l'IA est fashion, 200 articles dans « Le Monde » l'année écoulée, catapultée par les incessantes campagnes des GAFA, Microsoft, IBM, et tous leurs servants à la traîne, elle prône la lune mais pour l'heure reste sur terre, faute de disposer des capacités qu'elle se donne. On oublie que les bases des données résultent de recherches de milliers de spécialistes et donc exigent temps et argent. Quand Alpha Go, développé par Google, s'attaque au champion mondial du jeu de go, et invente le coup 10, désormais mythique, pas moins de 150 000 parties des grands joueurs ont été analysées. On ne pourra jamais paramétrer toutes les données de la terre et moins encore greffer d'une puce électronique les 7 milliards de terriens. La fin du vieux monde n'est pas pour demain. Mais son temps viendra, à nous de savoir le rendre heureux.
Il n'empêche, le premier coup de génie de l'IA est sa marque. Inventée par John Mac McCarthy, au sommet camp de Dartmouth en 1956, elle a

frappé aussitôt l'imaginaire scientifique puis médiatique dans son alliance des contraires Intelligence et Artificialité. Il en faut donc si peu pour étonner le monde. Résultat, elle s'accapare tous les think tank, summits, conférences, et tient salon.

À force de parler futur, le présent disparaît, scientifiques, analystes, économistes, terrorisent les chefs d'entreprise à leur écoute, désemparés devant cette fuite en avant d'un progrès impalpable. Le mieux serait de prendre l'intelligence artificielle avec intelligence.

Avec optimisme mais pragmatisme.

Les machines sans les hommes restent des machines, leur intelligence mécanique n'est déployée que par l'intelligence humaine. Du moins jusqu'à plus ample informé. Les IA sont intelligentes parce qu'elles copient les hommes. L'avenir appartient donc à ceux qui allieront les forces humaines et artificielles. Pardon de me redire. Mais c'est la force première de mon métier, seule la répétition crée la réputation.

L'intelligence artificielle part à la conquête du monde de la santé, normal, notre préoccupation première reste de vieillir jeune. Une équipe américaine a réussi à éduquer un algorithme le nourrissant de 100 000 images de tumeurs

cutanées. Il s'est avéré aussi performant qu'un ponte de la dermato, capable de diagnostiquer un grain de beauté d'un mélanome, ou une tumeur bégnine d'un cancer. « Cette invention est à la dermatologie ce que l'IRM a été à la radiologie » professe Alain Livartowski, l'oncologue de l'Institut Curie. En prime, l'IA n'a ni l'égo humain qui peut fausser le jugement du praticien, ni la tentation de l'opération à tout prix.
Comment ne pas aimer cette IA-là ?

Autre révolution, elle accélère, à coup d'algorithmes, le traitement à distance venant au secours des déserts médicaux. C'est le combat d'IBM et son système Watson. Dès 2011, il défie le jeu télévisé américain Jeopardy, en algorithmant connaissances encyclopédiques et compréhension du langage… et le bat.
Son succès poussera les médecins, saturés d'infos médicales et scientifiques, à appeler IBM à l'aide. Hélas, 4 ans et 60 millions de $ plus tard, un audit dénoncera que « le système n'est pas prêt pour l'investigation clinique et son utilisation proscrite pour le traitement des patients ».
Comment ne pas respecter cette IA-là.

Pour lutter contre le fléau du temps de vie perdu sur les réseaux, Tristan Harris a développé une plateforme Time Well Spent anti-tech addiction, elle propose aux internautes de réduire le nombre de notifications, et réorganise votre écran en limitant le nombre d'applications.
De notre côté de l'Atlantique, une start-up française, Dream up vision, s'est attaqué à la détection de la rétinopathie diabétique (420 millions de malades). Résultat : un algorithme qui repère, en 2 secondes, sur une simple photo du fond de l'œil, les zones d'alertes. Nos petits frenchies ont inventé le photomaton médical. Placé dans les hôpitaux, les centres de télémédecine, les selfcare et pourquoi pas les pharmacies, il peut sauver des vues. La prévention n'est-elle pas l'avenir de la médecine, la seule qui peut, un jour, combler le trou de la sécurité sociale, ce rocher de Sisyphe de la Cour des Comptes.
Autre Start Up bien de chez nous : Owkin. Elle damne le pion à IBM et s'attaque à la prédiction de l'efficacité d'un traitement anticancer.
En confrontant les datas du patient à celles de 450 000 malades (collectés depuis 17 ans), elle diagnostique la guérison.
Comment ne pas développer ces IA-là ?

Même combat pour la start-up bordelaise C-MAPPS qui s'attaque au cancer de la santé publique, le décèlement des interactions médicamenteuses. Défis après défis, Big D change de paradigme.
Hier, les données étaient le résultat, la recherche avançait au pas lent des hypothèses confrontées à l'expérience. Désormais, elles sont le moteur, « on les fait parler » et elles avouent nos risques encourus.
Comment ne pas adopter cette IA-là ?
Face aux chercheurs américains spécialistes de la mathématique appliquée, les chercheurs français ont fait le choix des mathématiques fondamentales. Ils sont champions du monde de cette discipline qui est le cœur de l'intelligence artificielle. Elle est toute puissante dans le développement du Machine Learning. Elles s'adressent directement à la complexité, les techniques américaines se réservant le développement des services.
Comment ne pas être fier de cette IA-là ?

Mais la plus belle machinerie du monde a ses ratés. La fiabilité des datas a ses failles. Un exemple anodin parmi d'autres : les personnes âgées bougent plus que les jeunes lors de leur passage d'un IRM et faussent les statistiques. Les lots de données sont souvent biaisés, à trop vouloir nous singer, elles prennent nos défauts et présagent de l'avenir en rêvant de nous remplacer. Privé de sens des valeurs, elles dérapent.

Ainsi, en 2016, le jury d'un concours de beauté a été remplacé par l'IA. Verdict : elle a éliminé de la liste la plupart des candidates noires.

À chacun son talon d'Achille, celui du Big Data n'est pas rien. Il ne compulse que les données du passé, l'Intelligence Artificielle n'est donc que l'intelligence du Monde d'Avant. Il définit l'aujourd'hui à partir du hier. Bref, fait du surplace.

Notre intelligence créatrice ouvre les voies du Monde de l'Après, en basant ses idées nouvelles sur les études prospectives et sa propre intuition de demain. Elle s'appuie sur les attentes, les modes, les tendances qu'elle pressent pour le futur. Son défi est de faire avancer la société en lui ouvrant des portes nouvelles. Elle est l'inverse de la créativité passéiste du Big D.

Les méga bases de données sont autant la solution qu'elles sont le problème. Le système cale s'il y a trop peu d'exemples ou si les données sont trop hétérogènes. Des centres de stockage et de tri sont mis en place par Google et Facebook et l'ontologie (les bases de connaissance) cherche à donner un sens à chaque data. Pas si facile, un ordinateur, tout ordi qu'il est, est incapable de comprendre une phrase aussi simple que « le chanteur Elvis Presley est né à Memphis ». Il faut la lui réécrire, en stipulant que chanteur est un métier, Elvis un prénom, Memphis une ville. La supériorité de l'homme sur le numérique est d'avoir l'esprit critique. L'IA ne dispose que de l'esprit crypté. Les algorithmes n'ont pas de conscience. Désolé de devoir leur rappeler mes classiques : science sans conscience n'est que ruine de l'âme.

L'IA nous dépasse dans le droit et la médecine par son incomparable faculté à compulser le passé pour prévenir les risques du futur. Mais prévenir n'est pas guérir. Sa limite est ailleurs, Luc Ferry l'écrit : « Elle peut remplacer un commissaire aux comptes ou un radiologue, voire un chirurgien mais, sortie de son couloir, elle est perdue ». C'est une force verticale, hélas, pas horizontale incapable de résoudre la simplicité. L'intelligence artificielle rêve de se doter du pouvoir de l'émotion, de la spontanéité, du self-control, du jugement bref de l'intelligence.

Rêve ou réalité ?

Les premiers pas de l'IA dans les années 80, appartiendra aux seuls en ayant fait un business les écrivains et les scénaristes décrivant leur monde. Hollywood, pour une fois, tapa Wall Street. L'IA progresse mais sa domination n'est pas acquise. Elle sait traduire les langues mais ne comprend pas ce qu'elle traduit. Son apprentissage se fait au cas par cas, un enfant, lui, fait tout en même temps. G. Berry professeur au Collège de France et membre de l'Académie des Sciences me rassure lorsqu'il écrit : « L'être humain est lent, peu rigoureux mais extrêmement inventif. L'ordinateur est rapide, rigoureux, complètement con ». Il n'en reste pas moins impensable que cette force nouvelle reste dans les mains de quelques acteurs surdimensionnés, surpuissants, sur-intéressés.
Et si nous décidions d'exiger que la morale pour une fois précède la technique. L'intelligence artificielle crée un nouveau pouvoir la maîtrise de l'économie de ce nouvel or noir les datas. Comment ne pas lui imposer un code d'éthique élémentaire. L'avenir du monde en dépend. Comment ne pas redonner la main à l'Être Humain plutôt qu'à l'inhumain à l'heure où se redessinent les limites fondamentales de l'Humanité tant philosophiques que conceptuelles, tant religieuses que laïques,

tant politiques que sociétales. Vladimir Poutine va jusqu'à jouer les Parangons de vertu en dénonçant : « le pays qui maitrisera l'IA sera le « ruler of the world » ». Le but suprême de l'éthique est d'être le pare-feu de l'Humanité, ne la laissons pas à la porte de notre avenir. Il n'est pas de meilleur protecteur, elle défend nos fondamentaux sociétaux et prône nos valeurs de diversité culturelle, de pluralité des contrepouvoirs, de libre concurrence, de préservation des écosystèmes naturels.
Drôle d'époque, on craint Dieu mais pas le Diable. Face à lui, s'impose la programmation nécessaire du temps long, seule stratégie valable pour unir protection durable et partage équitable. Cédric Villani notre Médaillé Fields professe : « L'IA est prise en otage par la peur ». Il tient à nos gouvernements de la faire progresser sous contrôle. La craindre c'est nous rabaisser, la maîtriser c'est nous élever.
L'Humain est une fin, l'IA un moyen.

D'où l'impérieuse nécessité de contrôler le développement de l'IA pour ne pas retomber dans les débordements des GAFAMI, (Microsoft et Instagram viennent de rejoindre le Panthéon du numérique la liste s'achèvera à l'épuisement

de l'alphabet).
Tout Silicon Valley rêve de rejoindre le club. Premier convaincu, Elon Musk (encore lui) a crée une ONG, l'OpenAi (artificial intelligence) qui défend une Intelligence du bien, se gardant de développer l'Intelligence du mal. Utopie crient les uns, civisme répondent les autres, nécessité en fait. Le meilleur de l'intelligence, fut-elle humaine, fut-elle artificielle, est de servir le bonheur des hommes. Déjà, les états pensent à focaliser leurs recherches sur la « Tech for good ». En défense, les GAFA, sur la sellette, ont créé le partnership « On AI ». Ensemble, ils s'obligent à définir une charte commune des pratiques de l'intelligence artificielle pour éviter les erreurs du passé et aider les pouvoirs publics dans leur régulation obligatoire. Sans attendre, le prolixe Elon Musk a créé une autre start-up, Neuralink, il nous promet de connecter directement notre cerveau à un ordinateur. Je suis d'accord, mais ce cher Elon devrait réfléchir à lui greffer d'abord un cœur.

Les multiples possibilités numériques de l'IA n'ont pas échappé à la pub. Notre agence reine des festivals publicitaires BETC, pour lancer une nouvelle série de Canal Plus, s'est même offerte

l'image du Saint Père, pas le vrai, mais son double « the Young Pope » incarné par Jude Law et doté par IBM d'une IP (Intelligence Pontificale). Après avoir analysé 4 millions de messages postés sur Facebook, Twitter, YouTube et Dailymotion, et extirpé ceux contraires à la morale, « Aimen » répondait en temps réel en verset de la Bible. Une parole vieille de 2000 ans sans avoir pris une ride qui se prête à merveille au choc de l'intemporalité papale et de la sur-actualité de l'IA. En témoignent 3 extraits de la campagne : « l'œuvre du juste est pour la vie. Le gain du méchant pour le péché ». Proverbe 10/16. « Cette sagesse n'est point celle qui vient d'en haut mais elle est terrestre et charnelle » Jacques 3 :15. « Ne porte pas envie aux hommes méchants et ne désire pas être avec eux » Proverbe 24 :1. L'analyse a décrypté 1200 0000 post pour constituer les 230 000 réponses « sacrées ».
Je rêverais que Google s'empare de Aimen et moralise ses contenus. Hélas, je crains que ce ne soit un vœux pieu.

Face à tous ces bad guys du numérique, Netflix, ingénieusement, a choisi le bon sens. En décryptant en permanence le comportement de ses utilisateurs, un simple fournisseur de contenus de séries et de films en streaming, s'est mué en

créateur de contenu. En moins de 10 ans, il a encarté 120 millions d'abonnés dans le monde et pèse 100 milliards de dollars.
Autant en apporte le net.
La liste de ces mille et une avancées de notre vie quotidienne n'en est qu'à ses prémices. Eryc Brynjolfssord et Andrew Mc Afee, deux chercheurs US, nous prédisent que demain, au lieu de s'appuyer sur l'expérience et l'intuition, nos décisions seront numériques, changeant nos PDG en analystes robotisés. Permettez au créatif d'en douter Big D nous ouvre un champ illimité d'informations à transcender en décisions stratégiques mais la créativité est une rupture. Pour la machine, la rupture est une panne.
Cherchez l'erreur.

Première révolution tech de l'année : la Blockchain, cette technologie de transmission de l'info décentralisée offre le graal de s'abstenir de toute forme de gouvernance. Elle n'en donne pas moins le double de la clef de toute transaction : je suis bien celui que je prétends être, j'ai le droit à cette opération. Hier n'existait que le registre comptable du commerçant ou de la banque, la Blockchain vous en offre des milliers, chacune cryptée et inaltérable. C'est le « Fort Knock » du numérique,

elle va peu à peu supprimer tous les intermédiaires (et leurs risques) en sécurisant de bout en bout les transactions. Exit fraude, faux, corruption, pour une certitude de 100% de confiance.
Tous les domaines lui sont ouverts de la protection alimentaire à celle des diamants, de la rémunération limitée aux ayants droits et à la garantie que ce sont des vraies personnes (pas des robots) qui regarde de vraies publicités pas des FakeAds sur des vrais sites internet.
L' occasion était trop belle pour nos créatifs New Yorkais de jouer les trublions pour leur client financier TD America Trade en réussissant à placer à l'intérieur d'un registre public, la première publicité, inaltérable, inviolable, invulnérable. Au milieu des algorithmes surgit le logo de la Banque que nul ne pourra jamais détruire. Quel beau pied de nez créatif à la technologie. Il sera couronné par 52 millions d'impressions médias pour un investissement de seulement 23,25 dollars soit 0,00247766 Bitcoins.

À l'opposé, Jean Ponce, chercheur à Normal Sup, dénonce cette IA fashion : « je ne vois aucun indice que la machine intelligente soit plus proche de nous aujourd'hui qu'avant » a-t-il déclaré au nez et à la barbe de Google, organisateur d'un sommet

Parisien à sa gloire. Une majorité des chercheurs en IA pensent de même. Terminator n'est pas pour demain. Ce qui ne nous dispense pas de lutter, dès aujourd'hui. Le Danemark est lepremier pays à avoir pris la mesure de la démesure des GAFA. Ringardisant les chancelleries du monde entier, il s'est doté d'un ambassadeur numérique pour veiller au grain. La constatation, pour ne pas dire la contestation, est simple, Silicon Valley est un état en soi, s'immisçant dans les économies nationales et tout autant la politique planétaire. L'envahisseur ne se limite plus, à de la médecine, la génétique, la biotechnologie, il cumule hôtellerie, loisirs, industrie musicale, transport, finance. Voici qu'il frappe sa monnaie (le PayPal), demain, il pourrait être capable de gouverner le monde ayant, à la barbe des états, accumulé sur leur dos des fortunes supérieures à leurs caisses si souvent vides. En attendant, les géants de la Silicon jouent à « j'en ai une plus belle que la tienne ».

À peine Facebook a t-il installé le plus avancé des clouds dans la ville d'Odensa (Danemark) pour 100 millions de dollars qu'Apple réagit en investissant 850 millions pour créer le plus grand centre de données du monde. L'EA (égo artificiel) est supérieur à l'EH (égo humain), voilà enfin une qualité qui nous reste.

Pour ma part, j'ai choisi mon camp celui de l'inaltérable espoir d'une humanité heureuse. Je sais, je suis naïf qu'importe. Les optimistes ont inventé l'avion, les pessimistes le parachute. Je reste dans l'avion. Mais je m'interroge et m'inquiète, non pour moi, mais pour celles et ceux qui vont vivre bien plus vieux que moi. Vous lirez quelques pages plus loin que je ne suis pas seul. 40% de mes compatriotes partagent cette inquiétude. Qu'elle soit artificielle, qu'elle soit humaine, aucune de deux intelligences ne sera jamais supérieure à l'association des deux. La guerre des neurones n'a pas lieu d'être. À la France d'entrer dans le jeu et ne pas, selon son habituel atavisme, laisser le futur aux autres. Cédric Villani, notre petit génie des maths, a pris les devants. Nous possédons parmi les meilleures écoles de recherches en mathématiques, informatique algorithmique et grands organismes de recherches (INRA, CNRS, CEA) et de grandes entreprises concernées.

À cette puissance, se joint l'effervescence de nos start-up. Manque de moyens, ils en trouvent, manque de synergies, ils les créent, manque d'audace, ils en redoublent. Le danger vient d'ailleurs, ne les laissons pas se faire acheter par les sirènes étrangères. Et d'abord les sirènes du Diable. Emmanuel Macron a lancé un plan d'un milliard à l'horizon 2022. C'est 15 fois moins que la Chine, 5 fois moins que l'investissement pour les JO de Paris. La parade des jeux vaut-elle plus que les olympiades numériques ? D'autant que les dégâts collatéraux sont incommensurables, tuant des milliers d'emplois. Les grands de la Tech ont beau contester, protestant qu'ils en créeront autant de nouveaux. C'est, par définition, faux, sinon pourquoi en appeler aux robots pour nous remplacer. D'autant que leurs embauches exigent une technicité que les laisser pour compte n'ont pas. Les dirigeants de Baidu clament de même qu'en Chine, ils offriront des milliers de postes. Hélas pas à leur portée, les rejetés seront les mêmes exclus du numérique, les engagés les as de la discipline.

Le dernier Davos s'est divisé sur la question mais n'a pas su donner de réponse, c'est l'habitude à Davos.

La révolution 4.0, la 4e depuis l'arrivée du net sur la Terre, reste, pour l'heure, le pire risque sociétal que l'humanité ait connu.

Le pompon revient à Marc Bénioff, le président de l'éditeur du logiciel Salesforce, qui a désormais un nouveau participant à son Comex du lundi matin,

sa plateforme d'IA.
Tenez-vous bien, il l'a baptisé Einstein.
De sa tombe, ce dernier doit lui tirer la langue.

Le 22 janvier 2018, date tristement historique, Amazon ouvrait, à Seattle, le premier point de vente sans caisse. L'ensemble de la distribution va suivre et signer la mort professionnelle de millions de caissières dans le monde. Qui leur trouvera un job ? Le « recyclage des emplois », ce mot indu sera le défi politique demain. Le chamboulement nous atteindra tous. Il nous faudra changer de job tous les 10 ans, apprendre toute sa vie et mieux vaudra être plombier, à l'abri de l'IA que caissière. En attendant, Paul Duan, jeune précurseur du monde d'après, a créé Bob qui grâce aux algorithmes réinvente les parcours professionnels, déjà 160 000 ont fait l'expérience, 40 000 ont trouvé un nouveau job. Sera-t-il durable dans ce grand charivari du numérique ?
En 2030, je ne serai plus là avec l'espoir que l'ID, l'intelligence divine si elle existe soit moins dévastatrice que l'IA. Bonne chance à toutes et à tous, si vous n'avez pas mis bon ordre moral, sociétal et humaniste à cette course sans fin.
Et d'ailleurs que vaut une course qui n'a pas

d'arrivée ? Le transhumanisme est né en Californie dans les sixties et les seventies. Pouvait-il naître ailleurs que dans la communauté hippie et New Age se frottant aux balbutiements de l'informatique ? L'âge aidant, les libertaires de L.A., se feront libertariens, cessant de s'en prendre au capitalisme pour inventer un nouvel eugénisme. Tel est la thèse de Jacques Testart, le père du premier bébé éprouvette.

Le nihilisme de Malibu nous a fait rêver, moi le premier, l'ayant rencontré dans ma vie de globe-trotter autour du monde. En une génération, il s'est mué en une foi communicative et collaborative pour la techno, non plus techno-parade, mais technoculture, en forme d'idéologie de remplacement. On pourrait presque parler de religion compensatoire dans notre no-man's land de croyances envolées.

Chaque année, nous ne vieillissons que de 9 mois et chaque année nos vies s'allongent. Le 21e siècle rêve de tuer la mort mais oublie ce que deviendront les vieux vivants. Le cocktail nanotechnologies, biotechnologies, informatique, sciences cognitives a toutes les chances d'être explosif. Laurent Alexandre, le french transhumanisme cofondateur de Doctissimo annonce : « l'homme qui vivra mille

ans est déjà né ». Dans quel état à l'arrivée ? Le milliardaire russe, Dimitri Liskov, dédie sa fortune à qui saura transférer son cerveau dans un ordinateur. Mais, à proposer une telle ineptie, en a-t-il un ?
Plus pragmatique, le cofondateur de Google, Larry Page, avec sa California life company se fait fort d'un allongement de la vie à 100 ans. J'achète.
Seule certitude, l'amélioration de l'espèce humaine est lancée. Depuis 15 ans, 97% des enfants trisomiques sont avortés, la logique eugéniste est en marche. On va pouvoir choisir l'ADN de son bébé dès la fécondation. Ray Kurzweil, le monsieur recherche de Google prédit que IA aura supplanté IB (intelligence biologique) en 2045.
À cette date fatidique, l'homme devra muter de concert avec la machine pour créer une conscience commune. Seul problème, le progrès courant plus vite que la pensée, nul ne présage des possibilités de rencontre. Et donc, nul ne sait notre futur. Elon Musk toujours lui, le SpaceX XXX-Man a lancé Neuralink avec mission de lier IA et IB. Les premières recherches font peur à son sponsor lui- même, il commence à se défier de l'IA. Je me réjouis de savoir que je contemplerai

ce saccage de là-haut : l'homo numéris devenu homo robot, bardé de capteurs mi humain mi techno, téléchargeable à gogo, directement branché sur le Google cloud et manipulable à l'infini. Merci pour moi. Raphaël Enthoven le plus moderne des philosophes ne se laisse pas, lui non plus, emporter par la vague de l'Immortalité. Il balaye les amoureux du mourir vieux :« Meurs-t-on mieux quand on meurt plus vieux. Meurt-on moins quand on meurt plus tard. Quand on est mortel, on est mortel. La vie n'est pas une affaire de quantité ce n'est pas elle qui est courte ou longue, c'est nous qui sommes prodigues ou avares avec elle ».
J'adhère.

Le monde est éternellement tenu par une inextinguible soif du pouvoir dont la finalité reste immuable : la fin justifie les moyens. L'avidité ignore les règles, oublie les lois, écrase l'autre. Cette course à la domination se double de celle à l'enrichissement jusqu'à la négation du réel. Conjuguée au futur, cette occultation mène les géants de la Siliconie aux délires transhumanistes, suractivés par la croyance que la technologie peut tout.
Eric Sadin, le Che Guevara anti-numérique,

résume le défi qui nous attend. « Ce qui se joue est un modèle de civilisation contre un autre et il faut choisir. Il n'est pas concevable que les êtres dévorés par leur pulsion de toute puissance entendent façonner nos vies sans que leur soit opposé des forces contraires ». Aux armes, citoyens de l'humain et de la créativité.

Mais si l'aventure vous tente et vos moyens vous le permettent, vous pouvez d'ores et déjà prendre un ticket pour l'éternité. Pour réserver votre billet, adressez-vous à la compagnie céleste « Cryonics », elle vous propose, pour 200 000€, de passer, dès votre décès, le reste de vos jours en mort futur vivant dans un bain d'azote liquide. Le concept, made in US, a été créé en 1972 par Alcor Life Extension qui compte 1000 corps précieusement conservé, la tête en bas. Pourquoi en bas ? On n'arrête pas le progrès, la crédulité non plus. Se dessine ainsi, à contre-courant de la vie, le nouveau challenge des transhumanistes, ils cherchent la pierre philosophale du XXIe siècle, non pour transformer le plomb en or mais la mort en vie. C'est le rêve fou d'une extension radicale de notre existence jusqu'à la rendre illimitée, libérée de la maladie et du vieillissement. Mais ne vous autorisez plus ce mot de vieux, les hors

humains fuient le mot immortalité, trop science-fiction hollywoodienne, ils préfèrent parler de quête de l'amortalité.
Douteraient-ils de leur crédibilité ? Le principe de base est que la frénétique poussée de la technologie met en cause le dictat d'une nature humaine « lived degradable ». Les raisons ne manquent pas, super intelligence des machines, antidépresseurs annihilant toutes les émotions négatives, thérapie générique créatrice d'empathie permanente (elle pourrait même vaincre la jalousie), colonisation de l'espace, nanotechnologie moléculaire capable d'assembler les molécules à sa guise… Seul hic, elle pourrait tout aussi bien éteindre toute vie pensante. Dans les mains des terroristes, cet assembleur moléculaire universel leur livrerait la planète.
On refuse d'y croire… Quoique !

Le téléchargement de la conscience dans la réalité virtuelle ferait muer le monde en monde digital. Ayant tué le réel, nous recopiant nous-même en permanence, nous créerions l'éternité de l'existence. Petite faille du système : pour l'heure, les scientifiques s'accordent à reconnaître que la cryogénie d'aujourd'hui ne permet pas d'être ramené à la vie, seuls les progrès de la nanotechnologie l'autoriseront peut-être un jour. Encore faudra- t-il que nos arrières-arrières progénitures soient intéressées par cette réanimation dispendieuse. Se serrer la ceinture toute sa vie pour la prolonger de quelques années en vaut-il la peine ?

Mais tout n'est pas à jeter dans ce rêve fou à la condition de le vouloir philosophique et non réaliste. François Mitterrand m'a fait le plus des cadeaux en me demandant d'organiser une journée de rencontre des étudiants de la Sorbonne et du Dalaï Lama.

Son entrée en matière m'a toujours servi d'anti spleen. Il débutera son « prêche » qui dura 8 heures par une fable tibétaine.

Un vieux maître donne à un jeune Bonze, sa première leçon de philosophie.

- Je vais te poser 3 questions, réfléchis bien et réponds-moi.

Première question : Quel est le contraire du blanc ?

- Le noir, réagit aussitôt le jeune disciple

- Non, tranche le vieux Bonze c'est la bonne réponse mais tu n'as pas réfléchi.

Deuxième question : Quel est l'envers du jour ?

Le néophyte réfléchit longuement et répond :

- La nuit maître.

- Bien mon fils. Voici ma dernière interrogation quel est l'envers de la vie ? conclut le vieux moine.
Le jeune Bonze réfléchit, réfléchit et murmure :
- La mort.
- Au grand jamais, conclut le maître, l'envers de la vie c'est la naissance.
Plus réalistes, les transhumanistes s'efforcent d'améliorer la vie présente, pratiquant sport, régime alimentaire, prévention et médicaments modelant humeur et personnalité, en quelque sorte le shoot légal du bonheur. Ils s'appliquent à une vie plus riche, plus responsable, plusoptimiste. Bref, plus QE. Comment ne serait-il pas les premiers adeptes d'un Futur Humanisme face au totalitarisme du numérique.

Le transhumanisme est une idée qui fait son chemin. Elle partage le monde en 2 camps, les bio- conservateurs se voulant les sauveurs de la planète et les technos progressistes s'espérant Prométhée de l'éternité. Dans la lignée de Condorcet et des encyclopédistes, ils prônent une renaissance capable de créer le post humain. Ces adeptes d'une communauté refusent d'être une secte mais rêvent d'être une philosophie nouvelle, fut-elle utopique. Ils proposent de mutualiser ressources et recherches pour avancer plus vite.

Une ligne politique planétaire se constitue sur ce fantasme, elle dispose même de son candidat à la Maison Blanche, Zoltan Istvan, coqueluche des médias yankee il recrute décideurs politiques, économiques, industriels, prêt à investir dans la robotique humanoïde, la biologie de synthèse, la création d'un cerveau artificiel, la mécanique du vieillissement. Pour être à la mode, dites : l'inversion du vieillissement. En espérant que les HGM (homme génétiquement modifié) que nous allons générer auront meilleure presse que les OGM, si mal aimés. Voilà une campagne présidentielle que je rêve de faire. J'ai mon slogan : « Voter ou mourir » et le nom de la marque : la vie éternelle. Pas créatif mais efficace, ça marche depuis 2000 ans, mais chut. Si dieu nous entend, il va se fâcher, le concept lui appartient.

En attendant, l'appel du « Futur of life Institute » signé par Stephen Hawking désormais étoile parmi les étoiles, Elon Musk, Bill Gates et Noam Chomsky, remet les pendules de la vie à l'heure : « Le développement de l'intelligence artificielle pourrait signifier la fin de la race humaine ». Emmanuel Macron dans son discours aux évêques de France, ce rendez-vous inaliénable de tout président, précisera : « La manipulation et la fabrication du vivant ne peuvent s'étendre à l'infini, sans remettre en cause l'idée même de l'Homme et de la vie ».

Frédéric Beigbeder que l'on n'attendait pas sur ce sujet y consacre son dernier ouvrage:

« Une Vie Sans Fin ». Il cite l'abbé Thomas Julien, saint de corps et d'esprit : « Les transhumanistes veulent que l'homme devienne Dieu tandis que les Chrétiens ont, au contraire, un Dieu qui s'est fait homme ». Pour ma part, j'ai choisi, mieux vaut vivre en Homme. Vivre en incarnation de Dieu, c'est trop lourd à porter. Seule certitude, le monde d'après évoluera entre science et philosophie. Norbert Wiener, enfant prodige dès 7 ans, universitaire dès 11, docteur es science de Harvard dès 18, parlait 14 langues mais se disait n'être qu'à l'aise dans le langage des mathématiques. Professeur et chercheur au MIT, il a participé pendant la guerre au projet AA Predictor, un dispositif capable de prévoir les mouvements de l'ennemi, il inventera en 1948 la cybernétique, la science de l'analyse et du contrôle des rapports entre les êtres et les machines. Platon parlait en son temps de Kubernetik, l'art du pilotage d'un navire.

Les grecs n'ont-ils pas tout inventé avant la lettre ? Son disciple formulera son intuition :

« la connaissance est liée à la communication, le contrôle à l'évaluation des êtres humains à la morale et à la religion. Nous devons nous libérer des tabous qui nous empêchent de traiter l'être humain et les machines de manière identique ».
Dieu a créé l'homme à son image, et voici que celui- ci en crée un autre à sa propre image : l'Homo Numéris. Méfions-nous, des contrefaçons.
« Notre créateur peut-il accepter d'être en lutte avec ses créatures et peut-il perdre la partie ? ».
Ce serait oublier la liaison obligée de la matière avec l'esprit. Le physicien quantique Pauli et le psychanalyste Jung ont travaillé 25 ans de concert pour conclure :
« l'humain ne peut être éliminé de la pensée ».
J'adhère.

Mais je ne voudrais pas achever ce livre croque-futur sans revenir à l'essentiel, le présent. Mon souhait le plus souhaitable, en attendant les promesses d'avenir est que le quotidien de l'humanité s'améliore. Sans avoir la moindre prétention de sauver le monde, la pub s'y essaye parfois, à sa manière souvent simpliste, mais toujours onirique cultivant l'hyperbole et tout autant marchand des petits bonheurs du quotidien. Mais elle n'est jamais aussi belle que lorsqu'elle nous fait prendre conscience de notre chance de nanti et de la nécessité de la partager. La campagne modèle, pour moi, de ces dix dernières années est celle du Fonds pour la Paix. Elle vient de notre agence de Sydney. Les idées les plus fortes sont les plus simples, c'est un pied de nez à cette extase annuelle des médias et de nous-mêmes, devant la liste des 100 plus riches de la planète. D'où le défi de dresser la liste des 100 plus pauvres. Elle mobilisera deux années de reportage aux quatre coins de notre triste monde pour déceler 100 causes différentes de pauvreté (la guerre, le chômage, le handicap, la maladie...). Et leur donner une âme et une voix. Touchés par ce concept si loin de leur ordinaire australien, les médias vont diffuser gratuitement un à un la centaine d'interviews. Les dons pour la course afflueront, mais, mieux, cette pauvreté à visage découvert rappellera au monde notre devoir de partage.

Et si nos Ploutocrates du net devenaient à l'image de leur aîné Bill Gates les Ploutocrates de l'humanitaire ?

GÉNÉRATION NUMERIS

L

Le XIXe siècle a vu la Révolution marchande faire la fortune de l'Angleterre lançant ses navires à la découverte du globe. Le XXe a donné sa faveur à l'Europe, puis l'Amérique, puis le Japon qui ont construit les automobiles et les avions partis conquérir les marchés des 5 continents, ce fut la Révolution industrielle. Notre siècle invente, à son tour, la troisième révolution de notre ère moderne, la Révolution Digitale, partie à la recherche d'un autre monde.
Et toi, chère lectrice, cher lecteur que penses-tu de ton avenir ?
Le vis-tu bleu azur couleur de l'espoir ou noir d'encre couleur du doute ? Et comment surfes-tu dans ce monde en mue ?

Un nouveau monde, mais lequel, pour faire quoi et avec qui ? Pris de vertige, tu t'interroges, dois-tu accélérer ou freiner et comment ne pas perdre l'équilibre sur ta planche ? Face à ce méli-mélo sociétal, la Sofres a mené en 2017 pour INRIA une étude en profondeur sur les français. Elle les a hiérarchisés en 5 communautés distinctes. De quel bord es-tu ?

Les grands explorateurs du net (18%) sont les premiers spécimens d'une nouvelle espèce humaine. Premier à le comprendre et l'explorer sans cesse, ils ont transformé leur vie en numérique. Premiers de cordée du numérique, ils sont les premiers à connaître les risques et les enjeux de cette humanité nouvelle qu'ils désirent meilleure, égalitaire, plus juste. Notre vie sur terre serait-elle en train de basculer ?

Derrière ces défricheurs se massent les grimpeurs pragmatiques (16%). Ils sont jeunes, ne quittent jamais des mains et des oreilles leur mobile, curieux, ouverts, mais pas encore enrégimentés, ils sont conscients d'un monde d'Avant structurant et rassurant mais prêt à s'offrir à celui d'Après, fascinant mais risqué. Oui au progrès, mais tout autant à la responsabilité.

Troisième population (20%) les apprentis voyageurs, quadra, rêvant eux aussi de progrès

et de solidarité mais ces skieurs de la toile refusent le hors-piste, ils s'agglutinent sur les pentes balisées se limitant aux remonte-pentes connus du numérique, ils ne brillent ni par leur dextérité, ni par leur prise de risque. Suivent les randonneurs (16%), quadras ou quinquas, se méfiant des schuss sur les dénivelés d'un nouveau monde trop pentu et trop sauvage à leur goût. Inquiets et parfois dépassés, ils craignent pour leurs enfants et l'avenir de la planète et en appellent à plus d'éthique et de déontologie. Tels les alpinistes encordés, ils assurent leur ascension piton après piton.
Reste les révoltés du numérique (10%), amers, nostalgiques, inquiets face à ces nouveaux espaces technologiques qu'ils rejettent. Ils rêvent de leur ancien monde qui leur offrait confort et sécurité, pistes peu encombrées et vin chaud.Ils sont les skieurs BCBG du « C'était mieux avant ». Enfin 16% des Français vivent en hors-jeu du système digital, ils n'en attendent rien d'indispensable, agacés par le trop plein d'infos et d'espoir qu'on lui porte. Ils oublient qu'ils sont entrés, à leur insu, de plein pied, dans l'ère numérique sans la moindre possibilité d'un retour en arrière. Imagerie médicales, GPS, Mobile, ordi, net, TNT, supports numériques,

robots domestiques, font désormais partie de leur quotidien. L'erreur du numérique est d'équiper le monde de ses outils de génie sans prendre le temps de la pédagogie nécessaire à leur reconnaissance universelle. Conclusion clivante, 60% des Français sont confiants dans cette nouvelle ère, pour 40% inquiets. 40% sont passionnés pour 50% dépassés, 50% sont enthousiastes pour 40% agacés et même certains exclus.
Mais toi, mon cher lecteur, ma chère lectrice, t'es-tu reconnu ?

Une majorité partage les points forts de cette mutation : l'ouverture au monde, la solidarité, l'accès à la connaissance, l'info en direct, la capacité d'entreprendre, la possibilité d'assouvir ses passions, mais une même majorité s'inquiète du respect de la vie privée et de la liberté des individus. Un tiers déplore les conséquences de cette intrusion sur les relations familiales et amoureuses.
Bref, l'opinion générale reste sur ses gardes. Un Français sur deux pense des technologies numériques à peu près autant de bien que de mal, incapable de se prononcer sur l'opportunité ou la crainte de leur évolution.

Enfin, triste constatation, 45% se satisfont de l'aujourd'hui pour seulement 30% qui veulent aller plus loin. Frédéric Beigbeder, le Adman devenu best-seller maker le dit à sa manière : « Si le frigidaire commande nos courses à notre place est-ce vraiment un progrès. C'est aussi de la liberté en moins et on ne pourra pas revenir en arrière ».
Le futur n'aurait-il pas d'avenir ?

Force est de reconnaître que le développement du monde, individuel ou collectif, est dû, ces dernières décennies, au progrès du numérique mais les Français toujours plus prudents qu'aventuriers, plus conservateurs que modernistes, plus égotiques que partageurs craignent que cet emballement technologique nous mène à une autodestruction planétaire. Les fils de 89 et 68 ne sont pas encore ceux des révolutions 2.0/3.0/4.0... Le besoin d'information et d'éducation est flagrant. Existe-t-il plus beau projet collaboratif national et mondial que de comprendre et de partager philosophiquement, économiquement, sociétalement, ce qui est la fin du monde ou le début d'une vie nouvelle. Spiderman lui-même déclare dans son dernier block buster : « un grand pouvoir implique de

grandes responsabilités ». Si je résume : ouverture permise, vigilance de mise, prudence requise et ambivalence acquise entre positivisme et négativisme.
Conséquence, la préoccupation première est la nécessité de créer l'apprentissage de ce changement d'être. 75% des Français sont ainsi favorables à l'intégration de l'enseignement digital dès l'école primaire. Preuve que leur réticence est atavique plus que critique. Ainsi s'invente l'homo numéris, successeur de l'homo sapiens.

« Harcelés » par la technologie, l'homo numeris est un selfiste fétichiste amoureux de son image à en perdre la tête à force de la photographier, un lofteur donnant sa vie en pâture à la ronde, un likeur ivre de sa propre ivresse du jugement. À contrario, un jeune Français sur 3 estime qu'il utilise trop son mobile. Sur ce point, ils sont plus lucides que leurs semblables étrangers. Mais, tels leurs parents, plus laxistes, sur l'exploitation de leurs données personnelles. La fronde gronde aux 4 coins de la planète, à 70% en Pologne, 65% en Chine, 60% aux Etats-Unis, et seulement 50% en France. Quant aux marques, leur crédit décline, 70% de Finlandais, 60% des Français,

50% des Australiens, 45% des Israéliens se détournent des contenus publiés par les marques sur les réseaux sociaux. Jamais la pub sur un média n'a été aussi en question.
L'e-commerce n'échappe pas au doute, avec des attentes différentes par continent. L'Afrique du Sud veut une connexion moins chère, la Pologne gagner du temps, la Nouvelle Zélande une livraison gratuite, la Chine des produits de meilleure qualité. Mais la distorsion la plus nette est sur le paiement depuis son portable. Contre toute attente 65% de la Chine et la Mongolie sont pour. 70% de la Bulgarie, de la Grèce, de la Hongrie, de la Finlande sont contre. L'Allemagne, les Etats-Unis et la France sont à 50%. Plus on est riche plus on est méfiant.
C'est le revers de la possession.

Les publicitaires ont, eux, mordu d'emblée à cet hameçon qui leur ouvrait de nouvelles frontières. Sans comprendre qu'ils en seraient les exclus. La créativité essoufflée par des années de copié-collé trouve un élan inespéré et régénérateur. Naissent des campagnes qui n'auraient pas pu éclore voici seulement 5 ans. C'est l'indéniable apport des datas, elles nous ouvrent des portes inattendues. Notre agence brésilienne Havas

Life en coopération avec Spotify a eu l'idée merveilleuse d'aider, dans leur lente dérive, les Parkinsoniens en les aidants à mieux marcher avec l'aide de la musique. Partant de sa capacité à développer la dopamine, le silence est l'un des facteurs de la maladie, ils vont la combattre en chantant.

Science et musique réunies vont se mettre à la disposition des malades directement sur leur portable, les médecins choisissant, avec l'aide de leur datas, les titres qui stimulent leurs fonctions ambulatoires en modulant le rythme de leurs pas. Les résultats seront spectaculaires, invitant les physiothérapeutes menant l'expérience à la propager dans le monde. Déjà plusieurs centres de soins se sont mis au diapason. Les créatifs auront le mot de la fin en baptisant leur trouvaille Parkinsound.
La Tech n'exclut pas le talent.

Ce petit miracle n'a pas fini de se multiplier dans tous les domaines de la médecine, de l'économie, de la vie. Mais le paradis n'existerait pas sans l'enfer, nous sommes en train de l'inventer sur Terre. Les médias découvrent avec stupeur la nouvelle menace planétaire, les cyberarmes.

Les révélations s'entrechoquent, 5000 hackers employés par la CIA, formeraient une division à la tête de 1000 cyber armes, chacune contrôlée à distance. Le monde entier s'avère sous surveillance et sous turbulences. L'Amérique découvre avec stupeur que ce que fait son Agence, toute organisation criminelle peut le faire.
Le marché s'est créé aussitôt, les hackers pigistes de la CIA, vendant sous le manteau les codes des cyber armes au prix de plusieurs milliers de dollars, voire million, l'unité.
Le monde court à sa perte s'il s'acharne à vouloir trop espérer du bonheur numérique. Il sera ce que nous en ferons. Dans bonheur, il y a cœur dans numérique, il y a numéro. Avant 20 ans, avant 30 ans, nous ne serons plus que 8 milliards, de numéros manipulés par une machinerie ivre de ses données mais ayant perdu, si nous n'y prenons pas garde, tout esprit créatif. L'avenir n'est pas à la personnalisation qui ne fait de nous qu'une cible mais à la révélation de notre personnalité, elle fait de nous une création.

Notre agence allemande a tenté de démontrer qu'un sans-abri pouvait redevenir un homme en retrouvant sa personnalité. Elle a réuni une base

de données avec la participation de Getty, la plus grande agence numérique de mannequinat. Chaque photo utilisée de la collection (plusieurs millions par jour) perçoit un droit d'image. Nos créatifs de Düsseldorf ont proposé à « dix homeless » volontaires de se prêter au jeu. Pris en main par une équipe de psychologues, habilleurs, coiffeurs, photographes. Ils ont posé pour définir visuellement leur identité et profiter de la redevance qui leur revenait.
D'aucuns crieront à la manipulation, ce n'est qu'une personnalisation qui a permis à chaque participant, grâce à ses droits photographiques, de croire à nouveau en un futur possible. La première force de l'Homo Numéris est de voir jour après jour s'inventer son nouveau monde et y trouver de nouvelles espérances.
Le vieux monde a désormais vu se tarir les siennes.

Pour ma part, je rêve d'un numérique made in France, nos start-ups commencent de l'inventer. Nous sommes les deuxièmes du monde en ce domaine.
Il est loin le temps ou mon maître à communiquer, François Mitterrand donnait du temps au temps. L'un des plus grands vices du numérique est sa

plus grande vertu. Il accélère le temps, le tweet répond au tweet à la vitesse de frappe des 2 pouces. Exit le temps de la réflexion comment s'étonner dès lors que les réseaux sociaux soient des chapelets de clichés.
Le panurgisme étant de règle, la moindre punchline est aussitôt copiée par la masse des compétiteurs voulant être le 1er à répondre, curieuse ère électronique qui prône l'instantanéité comme seul moyen de penser.
Nous sommes les Fils de Pascal et de Baudelaire, de Coluche et de Gainsbourg, ne devenons pas les servants de Zuckerberg et Cook, Brin et Page.
Trouvons notre chemin de la liberté dans cet Anschluss planétaire. Ce chemin de l'avenir qui n'oubliera pas le passé, ce chemin de l'espoir qui n'oubliera pas la réalité, ce chemin de l'invention qui n'oubliera pas l'émotion, ce chemin de la technologie qui n'oubliera pas l'humain.

Cette « Voie Royale », ce sont nos jeunes qui l'inventent. Qu'importe le pouvoir de résistance de notre vieux peuple gaulois. Jamais nous n'avons eu une telle soif de renouveau. Jamais nous n'aurons eu une jeunesse aussi neuve. Elles et ils ne parlent pas d'évolution, mais de civilisation nouvelle, de vie différente, de valeurs retrouvées.

Face aux simagrées de réforme dont nous ont abreuvés nos gouvernements successifs, cette nouvelle société civile, enfin mobilisée, a pris le pouvoir, dans une OPA démocratique. Elle nous propose un scénario en happy end. Difficile d'y croire ? Pas pour moi, la vieillesse commence lorsque les regrets l'emportent sur les rêves. Je ne cultive que mes rêves. Imaginons un monde d'Après où l'impératif moral sera de règle, l'interactivité de nécessité, l'humain mènera la nouvelle danse.

Nous entrerons dans un monde tout dialogue : s'écouter et se parler s'entendre pour se comprendre, engendrera une vie nouvelle. Nous relevons la tête. Tant de fois échaudée, pour la première fois, depuis dix ans, notre économie se redresse.

Nous venons d'inverser la courbe des créations d'usines jusque-là négative. S'enchaînent : Constructions de logements, ventes de voitures et d'Airbus, boom du tourisme, santé éclatante d'un CAC 40 rajeuni, surprise d'une sécurité sociale sortie du rouge. Nous renouons avec la croissance.

Les créations d'emplois sont au vert, le chômage débute sa décrue (une pensée tardive pour François Hollande), certes nous restons loin des bons élèves européens, l'Allemagne, bien qu'affaiblie, en tête, l'Angleterre malgré le Brexit restant encore la seconde mais la décrue semble durable. Le cercle vertueux s'approche, nous frôlerons l'impensable 2% d'augmentation du PIB. Jamais le vent des réformes n'a soufflé aussi fort balayant ostracismes, atavismes et syndicalismes réunis.
Trop tôt pour crier victoire, notre mutation est en chantier mais la France rayonne à nouveau hors de ses frontières. Merci Président. Nous recommençons à croire en nous et « on ne croit que ceux qui croient en eux », disait Talleyrand. Ayant apaisé nos craintes et nos complexes nous voici prêts à libérer notre émotion et sa sœur jumelle la création.

Et s'il faut faire la révolution nos jeunes la ferons, c'est dans leurs gènes. Nos tycoons d'hier s'affirmaient à coups de génie, leurs successeurs ont préféré afficher rachats à la casse et coups de Bourse. Money et marketing ont mené la ronde ; ; la création a suivi, la plus lyophilisée, la plus ouatée, la plus stéréotypée possible.

Pas de vague, sinon de fric.
Et soudain le monde bascule.

Nos tycoons en culottes courtes ne rêvent pas de biens plus ou moins mal acquis mais d'initiative, d'imagination, d'invention, bref de création. Au capitalisme, nos jeunes opposent le participatif, au traditionnel, l'évènementiel, au rationnel, l'émotionnel.
Les Millennials seront l'intelligence de cette grande évasion, chargés d'inventer une nouvelle ère d'un vivre indépendant mais ensemble, plus intensément mais plus rayonnant, plus entreprenant mais plus inspirant. A l'air libre, à l'air neuf, à l'air sain. Cette génération Numéris est aussi réfléchie, qu'instinctive, autant appliquée que passionnée, aussi rationnelle qu'émotionnelle. Place, au règne des équilibres : raison et imagination, mesure et démesure, possible et impossible.

Leur avenir est notre chance, celle de cesser enfin de vouloir régir le monde par l'exclusive de la divination numérique mais l'obliger à épouser en noces de sang nos idéaux.
Créons un avenir digital à notre image, de respect, pas de fraude, de service pas de vice,

de création pas uniquement de business.

Mettons-y notre french touch, notre art de vivre, notre esprit des Lumières et ces petites flammes qui brûlent en chacun de nous qui s'appelle l'Humanisme.

POST SCRIPTUM

« LA PUBLICITÉ EST LA FLEUR DE LA VIE CONTEMPORAINE LA PLUS GRANDE NOUVEAUTÉ DU JOUR, UN ART »

BLAISE CENDRARS

ET SI... SOIXANTE ANS PLUS TARD,
L'AUTEUR D'EMMÈNE-MOI AU
BOUT DU MONDE
AVAIT TOUJOURS RAISON...

L

Premières victimes du séisme numérique, ceux-là même qui l'ont promu : les Publicitaires. C'est la Pub qui a financé la vertigineuse ascension économique et sociétale des GAFA, en l'annexant ils attaquent de front celle qui les a faits rois et la spolie. Jamais main mise ne fut si brutale, si déloyale, si illégale. Jamais notre histoire économique n'a connu une telle captation des ressources de ses propres donateurs. Mais, pour moi, le pire est ailleurs, en dépossédant les groupes publicitaires de leurs clients, c'est la Pub qu'ils assassinent. Ma chère Pub, ce n'est pas la première attaque déloyale que tu aies connue, mais celle-ci est sans mesure et sans précédent. Il ne faudrait pas que ce soit la dernière.

La France a tout conçu de la communication, c'est une vertu qu'on ne lui attribue guère. Mais que serait notre métier si les frères Niepce n'avaient pas inventé la photo, les Frères Lumière le cinéma et créé, 2 ans plus tard, le premier spot du monde, pour Sir Lever, le fondateur d'Unilever, et aujourd'hui deuxième annonceur mondial. Puis le professeur Chrétien imaginera la télévision en couleur, Roland Moreno la carte à puce, et, enfin, last but not least, nos chercheurs du CERM, participeront à la révélation du Net.
Quant à l'inventeur de la pub, il n'est autre que Charles Havas. En 1835 il lance, à Rouen, l'agence Havas, nous dotant ainsi du titre de plus ancienne agence du monde.
Sa première illumination crée la première agence de presse l'AFP, puis Reuters, toujours en action deux siècles plus tard. Il enchaînera en lançant la première régie de presse, ancêtre du media buying mondial et pour finir en beauté par la publicité.
Merci Charles.

Je suis né à la pub dans les années 1960, années passionnées, années passionnantes, années fantasques, années fantastiques. Je ne l'ai jamais quittée, jamais trompée, jamais trahie. Elle me

l'a rendu au centuple. Je l'ai abordée dans les années où elle n'était encore que réclame, calembours bons et jeux de mots laids. La notoriété suffisait à construire une image. Je m'en suis rassasié avec cet appétit glouton de tout début professionnel. Dans les années 1970, je l'ai vue devenir publicité et me suis engagé sans réfléchir dans cette nouveauté venue d'outre-Atlantique. Cherchant à sauver notre âme latine dans ce raz de marée anglo-saxon, seul contre tous les caciques, j'ai surnagé ou plutôt ramé à contre-courant. Pour moi, la vie, la pub coulaient de source. Pour eux, elle devait être calibrée, relaxée, pasteurisée, testée. Je n'avais qu'une stratégie : un peu moins de test, un peu plus de testicules.
Les eighties, à leur tour, ont ouvert une autre voie, celle de la communication. La publicité devenue spectacle, s'est démarquée de la promotion, de plus en plus réclame. Tout est devenu pub. Tout est devenu création, les relations presse, le marketing direct, la promotion, le design. Tout est devenu média, le sport, le business, le people, la politique. Je me suis engouffré dans la brèche. Mais la décennie n'était pas achevée que s'amorçait le virage du nouveau siècle. La pub se fera connexion. Comment ne pas sauter

en marche dans le train du digital ?
Soudain tout redevenait neuf. Mais quel Big Bang ! J'ai pratiqué ce sport, c'en est un, avant la télévision, avant le mobile, avant le net, avant la data, avant l'IA. Je l'ai vu muter trois fois au rythme des générations technologiques : celle du petit écran, de la toile et aujourd'hui du contenu. Ces avancées lui ont donné des ailes mais la dernière nous impose de lui donner les ailes du désir. Ne laissons pas la pub à la merci de l'ogre digital.

Le XXIe siècle a fait son aggiornamento, la révolution numérique passant sans ambages de la dictature de la publicité à la démocratie participative de la communication. Quand j'y repense, je me fais honte. Je me prenais pour un communicant inventant la pub. Je n'étais qu'un petit dictateur en herbe faisant de la propagande, assénant des slogans sans le moindre droit de réponse du consommateur. Vint le grand passage du bourrage de crâne à l'interactivité et des réseaux sociaux, le grand virage du slogan au story-telling, du spot au content, du mass media au social média, du matraquage à la data, le monde d'après de la Pub. Hier les télévisions, n'étaient que champs de bataille ou les tapis de

spots des écrans commerciaux du 0 heures, tel des tapis de bombes, saturaient l'audience. Désormais, nos bombardiers aveugles sont remplacés par des drones identifiant leurs cibles et n'atteignant qu'elles, sans d é g â t s collatéraux, apanage des plans médias passés. Seul point fixe dans ce tsunami technologique, la créativité. La pub est, a été, sera, une machine à créer des idées, plus précisément l'idée, celle qui fait vendre. Les idées sont comme les spermatozoïdes : il y en a des millions mais seul l'un d'eux franchit les barrières de la vie et crée un petit bébé. C'est cet enfant roi qui fait la différence, quels que soient l'époque, le pays, la marque, le média, la technologie du moment.
N'en déplaise au numérique.

Mais voici que notre industrie connaît l'une des plus grandes déstabilisations en chaîne depuis son invention. A nos adversaires traditionnels, toutes les agences du monde, s'ajoutent désormais le Gargantua GAFA, mais aussi les Goliath du conseil (Accenture, Deloitte, Cap Gemini) et les King Kong de la techno (IBM, Sales Forces Oracle). Accenture rêve de rachèter à Publicis qui flirte avec Cap Gemini. Facebook et Google (70% du marché) proposent leurs conseils gratuits… et plus, si affinités. Accenture Interactive le bras numérique du géant du conseil est devenu son bras armé.

En six ans, il est passé de 0 à 6 milliards d'euros de chiffres d'affaires dépossédant d'autant des groupes publicitaires. Sa seule agence britannique Fjord, rachetée il y a cinq ans, a déjà essaimé dans 24 pays. Son boss français Pierre Nanterme dévoile sa recette : « En partant de notre expertise technologique, nous avons étiré notre offre vers le marketing digital et l'expérience client pour devenir un acteur de référence. ».

Et de démentir le rachat de Publicis qui n'est pas à son ordre du jour.

La Pub aux œufs d'or c'est fini, ces Trente Glorieuses ne sont plus que souvenirs. L'an dernier WPP, le numéro 1, a enregistré ses plus mauvais résultats depuis 10 ans. Le numéro 2, Omnicom, le numéro 3, Publicis, n'ont fait guère mieux. Le marché publicitaire hier si joyeux (600 milliards de dollars) se fait peau de chagrin ! Il ne survivra qu'en élargissant ses frontières aux datas et au consulting en management et technologie (1500 milliards de dollars).

La guerre est déclarée !

Ce 15 Avril 2018, la chute de Martin Sorrell souffle comme une fin de règne de la vieille Pub. A 73 ans, le flamboyant globe-trotter, devenu, à coups de rachats spectaculaires, le maître d'un empire bâti à partir de rien, est viré comme un malpropre de son empire.
Raison non avouée, le bruit courra d'un abus de bien social et usage plus ou moins libidineux du jet de la société. Raison professionnelle, le vieux lion, trop occupé à compter son magot perso de près de 400 millions d'euros, a laissé passer l'occasion de remettre en cause la stratégie désormais obsolète de son groupe. Autre mauvais genre, Sir Martin Sorrell, devenu Sir Dollar, grand ami de Jared Kushner, mari d'Ivanka Trump et donc gendre de l'ogre Trump aurait participé à un appel d'offre pour l'US Army en partenaire de Cambridge Analytica. Triste fin pour un triste Sir, si les faits sont avérés.

Fils pauvre, devenu fils de pub milliardaire, il retrouve, après Cambridge, après Harvard, deux petits génies de la gente publicitaire londonienne, les frères Saatchi. Il sera le brillant directeur financier et le troisième frère de leur agence.
Sa vente à prix d'or à Publicis lui offrira les ailes

de la liberté, il achète Wire and Plastics Products (WPP), fabricant inconnu de paniers en plastique, il en fera le premier groupe mondial de com, rachetant les deux géants Yankees endormis Ogilvy et Young & Rubicam. Auteur comblé des plus grands coups financiers du métier, il deviendra le people traqué pour son divorce (le plus cher du Royaume-Uni) avec Christina Falcone un des bras armés du Forum de Davos.

Craint des publicitaires, respecté par les annonceurs, adulé par les banquiers. Jalousé pour ses émoluments fluctuants de 50 à 90 millions d'euros selon les années (les plus importants du Royaume-Uni), il perdra son trône pour un motif bien plus prosaïque, la première baisse depuis une décennie de son chiffre d'affaire et de ses profits. Il est de fait la première victime expiatoire des GAFA, le début d'une spirale négative.

Après 20 années de vache grasse, notre métier va connaître ses années de vache maigre. Les premiers à muter résisteront, malheur aux autres. 2008 bénéficiera d'un appel d'air temporaire. Merci les JO, le mid-term et l'envolée du business chinois. La télévision sera le premier bénéficiaire gagnant 0,4% de parts de marché et limitant sa descente aux enfers. Mais le futur reste incertain.

Le digital dévorant presque la moitié du gâteau. Ma tendre pub te voilà cernée de toute part. Dernière nouvelle, le petit monde de l'ad-business découvre, avec effroi, qu'Amazon vient d'ouvrir, au cœur de Manhattan, sa propre agence forte de 2000 collaborateurs. Elle revient à la pub en direct du distributeur au consommateur, comme avant Charles Havas. La différence est que le Gengis Khan de la distrib conquiert, chaque année, la moitié de la croissance de l'e-commerce, se réservant les datas de ces millions d'utilisateurs pour son usage marketing personnel.
Les Mad Men de Madison Avenue sont largués et les annonceurs dans la tourmente. En France, Carrefour choisira de se jeter dans la gueule du loup et s'associera à Google. Fnac, Darty et Leclerc organiseront à leur tour leur guerre d'indépendance. Leur objectif est identique : rassembler les données de chacun pour lui servir l'offre qu'il attend. Casino ira plus loin dans sa chasse au trésor, il regroupera, en une plateforme commune, l'ensemble de ses enseignes, Monoprix,

Franprix, Go Sport, Naturalia, Courir, Cdiscount pour mieux décrypter le profil d'achat de leurs clients.
Ils vont pouvoir les harponner sur leurs mobiles, au bon moment, au bon endroit, avec la bonne offre. Ultime outil pour le distributeur, un mouchard numérique au passage en caisse. Il mesure entretemps les meilleures ventes, au jour le jour, et permet de modifier, dès le lendemain, la chalandise des rayons. Eternels dindons de la farce, les petits commerçants, n'ont d'autre réponse que de mettre leur manne de données en commun dans une plateforme collégiale, Criteo.
Combien de temps résisteront-ils ?

Plus réactifs que nos politiques, plus courageux que nos journalistes, plus pragmatiques que nos publicitaires, les annonceurs ont été les premiers à s'insurger face à l'hégémonie galopante des GAFA. Unilever et Procter & Gamble, les deux leaders de la consommation, aiguillonnés par les récriminations de leurs clients inquiets de voir les messages de leurs marques préférées côtoyer sur la toile les trois poubelles de l'insanité (racisme, sexisme, terrorisme) ont riposté.
Ils ont frappé là où ça fait mal et plus encore aux

milliardaires, en s'en prenant à leurs chiffres d'affaires. Ferrero a réduit de 40% son budget et P&G a supprimé 200 millions de ses investissements en ligne en 2017. Horreur, leurs ventes ont progressé. En Grande-Bretagne, Marks & Spencer, HSBC, McDonald's ont à leur tour suspendu pour plusieurs semaines leurs campagnes sur YouTube. Keith Weed, le patron monde du marketing d'Unilever, a joint la parole aux actes : « Désormais nous choisirons en priorité les plateformes responsables créant un impact positif sur la société ».

Triste tropique, la plus grande tempête économique de notre métier gronde à l'horizon. Le cabinet Forrester prédit à 10 ou 15 ans la disparition de la moitié des acteurs du marché. Il décrit un cimetière d'agences jonchées des plus grands noms du secteur.
Nous voici cernés, entre nos fossoyeurs les GAFA, nos copieurs les sociétés de conseils, nos pourvoyeurs les annonceurs eux-mêmes saisis par le doute. Ils multiplient des remises en compétition qui n'ont pour but que de diminuer leurs dépenses. C'est le double effet kiss cool : un, baisse des investissements, deux, baisse des honoraires.

Pire, ils remettent en cause le périmètre de nos compétences en internalisant des pans entiers de notre métier. Unilever rachète 1 milliard de dollars la structure « Dollar Shave Club » pour infuser ce nouveau mode de com à toutes les sphères de leur tentaculaire groupe. L'année suivante le premier lessivier du monde divisait par 2 le nombre de ses agences en réduisant de 17% ses émoluments et de 14% ses couts de production. Enfin, ils doutent de la publicité elle-même, leurs actionnaires les pressent, à chaque assemblée, de réduire leurs investissements.
Et ils s'exécutent en exécutant la pub.

Procter & Gamble de son côté a lancé l'idée ubuesque hier impensable, de saison aujourd'hui, de demander à ses trois grandes agences WPP, Omnicom, Publicis, de réunir à New York, chacune en un même lieu distinct, l'ensemble des créatifs œuvrant pour leurs marques. Trois agences Tour de Babel, condamnées à perdre leur personnalité autrement dit leur âme. C'est la culture de chaque pays que l'on exclut de sa com. Un crime de lèse-Publicité.En prime, le géant de la conso décide de réduire à son tour d'1,2 milliards ses investissements. Premier annonceur mondial (10 milliards de $) il est

parti en guerre contre les GAFA, et exige plus de transparence, plus d'efficacité, plus de moralité. Marc Pritchard le tout puissant directeur de marketing de la firme et grand supporter du règlement européen de la protection des données personnelles ne mâche pas ses mots : « Nous touchons un milliard de personnes par jour, nous devons savoir ce dont ils ont besoin. Cela donne une grande responsabilité aux entreprises et le RGPD est là pour le rappeler ».
En grand proctérien, il joint les actes à la parole, il a déjà amaigri son budget publicitaire de 750 millions de dollars, 400 millions vont suivre. Ce serrement de ceinture a une bonne raison, le constat de l'efficacité douteuse de la pub digitale. « Nous avons identifié 200 millions de dépenses qui ne servaient à rien, une sur deux était vue deux secondes et la plupart était regardée par des robots, quant à celles diffusées sur YouTube, elles étaient trop souvent liées à des vidéos auxquelles nous ne voulons pas les voir associées ».
L'advertising business serait-il en perdition ?

Il reste le stimuli irremplaçable de l'économie mondiale. Les entreprises consacreraient elles autant de milliards si cela était le cas ? Et elles sont le mieux placées pour en juger. Mais force lui est faite de choisir entre la course technologique qu'ont entrepris WPP et Publicis, à coups de milliards, de rachats de silos numériques ou de bunkers de conseils. Et la course à la créativité d'Omnicom qui regroupe trois des plus talentueuses agences du monde. Le choix d'Havas est : Creativity First. Elle est la raison d'être de notre métier.

Pour mieux décrédibiliser les agences, les GAFA et consorts ont donné le coup de grâce : YouTube Lab. livre clef en main une vidéo opérationnelle 2 semaines après un brief, Snapchat Publisher fait pire et s'engage à créer une campagne en 2 minutes. Certes, elles ne valent pas deux sous. Comment imaginer que les annonceurs puissent se satisfaire d'un fast-food publicitaire au rabais. Leurs marques ne s'en remettraient pas.

Dernier fléau qui ne cesse d'empirer le trop de pub tue la pub. J'ai connu aux premiers temps de la télévision les quotas publicitaires, ils limitaient les écrans commerciaux. La pub n'a jamais été aussi aimé. Nous sommes désormais au seuil de saturation sur nos ordis, nos tablettes, nos mobiles.

La coupe est pleine.

Mark Zuckerberg, plus roublard tu meurs, s'est félicité de la réduction de 5% du temps passé sur son réseau, une économie de 50 millions d'heure/jour, arguant qu'il prônait la qualité et non la quantité de la présence. La réalité est légèrement autre, c'est la nécessité de rassurer les annonceurs, inquiets des côtoiements de leurs pubs avec les contenus douteux qui les encerclent. Car on l'oublie c'est la pub, ma pauvre pub qui a fait la richesse de cette mise sous tutelle.

Face à ces nouveaux entrants, Havas est à la parade. En s'unissant à Vivendi, elle deveint part entière du premier leader mondial dans le contenu, les médias, et la communication : un positionnement exclusif dans la publicité et le divertissement.

Un poids économique unique : (20 milliards de dollars) et une situation de rêve, nous nous plaçons au centre de la convergence entre contenu, communication et distribution. Cet atout va repositionner la relation entre marques et consommateurs. Nous les connectons directement aux audiences selon leurs passions et leurs centres d'intérêts. La musique (Universal n°1 mondial), les jeux qu'ils préfèrent (Gameloft n°2 mondial) les contenus qu'ils regardent (Studio Canal n°1 européen) leurs lieux de divertissement, les Olympias. Cet outil sans concurrent d'expertise et de savoir ouvre une voie royale à nos marques (image, jeux, musique, artiste, évènements). Nous sommes à la croisée de cette nouvelle modélisation de l'Entertainment et du passage de l'advertising à l'advertainement. Le monde de l'après de la com.

Nous entrons par la grande porte dans le demain de notre job. Nos premières opérations, sont des succès. En Espagne un grand partenariat musical de Carrefour avec Universal les a reconnectés aux Milléniales. Aux Emirats, pour lancer la saison 2017, baptisée Imagine, Dubaï, Universal a proposé à son groupe star « Imagine Dragons » de venir sur place réaliser le clip de leur dernier tube, Thunder. Le tournage en live enflammera les rues de la ville. En parallèle, un mini-jeu Gameloft mettra le feu aux réseaux sociaux. En France, une surmédiatisation du Top 14 de Rugby avec Studio Canal a crevé le plafond des audiences.
N'imaginons pas pour autant que 100% de la publicité se digitalise sans fin, les grandes firmes auront toujours le besoin de grandes campagnes,

grand public, grande audience, grand network. Le plus efficace fabricant d'ADN, cette âme des marques, reste le spot. Aucun autre format, aucun autre média n'a su, à ce jour, le remplacer. Et ce jour n'est ni pour demain ni pour après-demain. Le privilège des âmes est de ne jamais mourir. Et nous, Fils de pub, ne nous trompons pas de métier, nous ne sommes pas ingénieurs mais créateurs. Notre rôle n'est pas de jouer les Accenture du pauvre mais les accélérateurs des marques, ce qui n'exclut pas d'utiliser toutes les techniques nouvelles du numérique.

Notre défi quotidien est de les créer, les aimer, les protéger dans ce chaos médiatique qui les inquiète et les déstabilise. Plus que jamais, il faut les garder des attaques du temps, des blessures du changement. À nous de les sauver de la dispersion, ce mal du siècle. Notre rôle est de, sans cesse, veiller à leur cohérence, le seul gilet pare- balles efficace contre les rafales de message et l'explosion des médias.
Nous sommes leurs architectes gardes du corps et leurs poètes gardes du cœur. Elles sont aussi indispensables à l'économie qu'elles boostent, qu'à la consommation qu'elles stimulent. Leur mission est de créer le désir !

Que serait le monde sans envie ? Une planète d'ennui.

Elles sont enfin vous l'avez lu tout au long de ces pages, les premières à défendre, sans gratification, les grandes causes humanitaires du monde. Havas produit plus de 200 campagnes gratuites par an et cette contribution de la pub à l'éveil des consciences est universelle, ce sont plusieurs milliers d'actions communicants que les groupes réalisent en « pro domo ».
Que serait le monde sans générosité ? Une planète de haine.

N'en déplaise aux pulsions du progrès et aux proliférations technologiques. La pub sera toujours la pub. Elle changera de ton, mais pas de fond, de médiation pas d'imagination, de technicité pas de créativité. Les grisés du numérique, les spectateurs d'En Attendant Robot, les volontaires pour Mars, n'aboliront pas notre droit aux rêves, cette supériorité sur la machine quel que soit son futurisme.
La machine a libéré l'esclavage, gardons-nous qu'elle fasse de nous ses esclaves.

Nous voici en fin d'escapades, sur les sentes

buissonières de l'évolution de mon métier et de ma passion à la défendre.
Je n'achèverai pas ces pages sur une note pessimiste. La vie est trop courte pour la vivre triste.
En soixante ans de pub je l'ai vu traverser les crises, les cabales, les coups bas et tout autant les envolées, les avancées, les nouveautés. Elle a toujours su trouver son échappée belle et son retour à meilleure fortune.
Elle sortira de ce nouveau défi, plus généreuse et plus partageuse, plus efficiente et plus savante, plus collaborative et plus créative.
Cet essai est une alerte, mais avant tout un espoir. Non à la fin de la pub et moins encore la fin du monde. Cette chimère du moment. Oui à la nécessité de fixer, les lignes rouges à ne pas franchir à l'avenir qui s'invente, les excès à ne pas commettre, les atteintes à la morale à bannir, les viols de nos intimités à interdire.

C'est la mission de nos Etats, leur responsabilité, leur priorité. Ils n'ont que trop attendu, débordés par l'accélération du phénomène. Mais tout autant, la prise de conscience des citoyens est décisive. Premières victimes de cette dérégulation, ils ne se laisseront pas faire.

Déjà, ils commencent d'entrer en résistance, la prochaine étape sera l'intempérance. Et si chaque français victime du vol de ses données faisait un procès à Facebook, le Diable pourrait bien perdre la face. Et son monopole. Le futur nous appartient, je l'ausculte depuis des décennies à la loupe des études prospectives, je l'ai toujours vu tenir compte de nos affres et nos manques, de nos idées, et nos volontés. En un mot, de nos espérances. Nul d'entre nous ne rêve de vivre mille ans ou de déménager pour Mars. Chacun aspire au progrès mais maitrisé, canalisé, humanisé. Il nous suffit de l'exiger de ceux qui nous gouvernent.
Le vote est fait pour ça.

Le citoyen, maître de son destin secoue le cocotier du capitalisme vieillissant et rêve d'utopies concrètes qui se glissent dans les fissures et flétrissures d'une économie mondiale en permanente déstabilisation. C'est le retour du « principe Espérance » lancé par Ernest Bloch le philosophe d'Allemagne de l'Est. En 1950 déjà flottait dans l'air européen l'envie cachée d'un « ordre politique juste et bon » que Karl Marx qualifiait « de vaines spéculations de l'imagination ». Mais le marxisme a vécu, le Mur

de Berlin l'a emporté dans ses gravats. 68 ne s'y était pas trompé :
« Soyez réalistes, demandez l'impossible ».

Le post-capitalisme a débuté sa guerre d'usure. Je m'en réjouis, je mourrai l'espoir au cœur que les hommes qui ont perdu tant de force d'âme à se détruire des siècles durant, pensent enfin à inventer ensemble un futur désirable.

Fort de sa technologie régulée, riche de toutes les portes qui s'ouvrent, cette nouvelle créativité sera seule capable de créer la technologie augmentée.

DU MÊME AUTEUR

AVENTURE

La Terre en rond, Flammarion, 1970

PUBLICITÉ

Ne dites pas à ma mère que je suis dans la publicité, elle me croit pianiste dans un bordel, Flammarion, 1979

Hollywood lave plus blanc, Flammarion, 1982

L'argent n'a pas d'idée, seules les idées font de l'argent, Seuil, 1983

Fils de Pub, Flammarion, 1984

C'est gai, la pub ! Hoëbeke, 1990

Pub Story, Hoëbeke, 1994

80 ans de publicité Citroën et toujours 20 ans, Hoëbeke, 1999

Tous ego, Jean-Claude Gawsewtich

Coups de pub, Pygmalion, 2015

Charles Havas, Hoëbeke, 2015

ESSAIS

Demain il sera trop star, Flammarion, 1988

Le futur a de l'avenir, Ramsay, 1996

Sœur Courage, Presses de la Renaissance, 2006
Autobiographie non autorisée, Plon, 2009
Génération QE Pearson, 2009
Merde à la déprime, Jean-Claude Gawsewtich, 2013
Contre nos peurs changeons d'intelligence,
Albin Michel, 2017

POLITIQUE

Vote au-dessus d'un nid de cocos, Flammarion, 1992
La Parole de Dieu, Albin Michel, 1995
Le Vertige des urnes, Flammarion, 2000
La Prise de l'Élysée, Plon, 2007
Le Pouvoir dans la peau, Plon, 2011

ÉTRANGER

Liberté, Égalité, Publicité, Tag et Line (Brésil), 2005
Demain c'est aujourd'hui, Université d'État de Moscou (Russie), 2005
Presidente da vendere, Fausto Lupetti (Italie), 2010

Merci,

A Stéphane Corcia

Auteur de la couverture et de la mise en page

Pour sa main d'artiste

Éric Fougère

Auteur de la photographie de la

quatrième de couverture

Pour son œil au laser

Christian de la Villehuchet

le sage

Jean-Marc Huleux

le guerrier

Frédéric Josué,

le défricheur

Frédéric Lassagne

le fidèle

Astrid Garandeau

Pour son habituelle participation

Anne Louise-Adele et Khadija Lediri

Pour leur aide quotidienne

Et tout autant à tous les journaux, magazines, livres,

thèses, séminaire, conférences qui m'ont nourri.

Achevé d'imprimer en décembre 2018
sur les presses de la Nouvelle Imprimerie Laballery
58500 Clamecy
Dépôt légal : septembre 2018
Numéro d'impression : 812006

Imprimé en France

La Nouvelle Imprimerie Laballery est titulaire de la marque Imprim'Vert®